LA NOSTALGIE DE L'HONNEUR

JEAN-RENÉ VAN DER PLAETSEN

LA NOSTALGIE DE L'HONNEUR

BERNARD GRASSET
PARIS

Photo de la bande : © Archives de l'auteur

ISBN : 978-2-246-81393-4

A ma mère, bien sûr,
et à mon père.

« Dans le bleu des soirs d'Ile-de-France pareil au bleu de Prusse des matins d'exécution, je chercherai longtemps encore le secret de conduite qui permet de lier la douceur, sans quoi la vie est peu de chose, à l'honneur, sans quoi la vie n'est rien. »

Guy Dupré, *Les Manœuvres d'automne.*

La nostalgie de l'honneur

La nostalgie de l'honneur est un mal étrange, une forme de neurasthénie, très peu répandue de nos jours, qui vous oppresse et vous étreint le cœur par intermittences. C'est une maladie rare, assez romantique, donc pas si grave, mais suffisamment ennuyeuse tout de même pour vous gâcher plusieurs journées par mois, une maladie dans laquelle il entre une bonne dose de dépit devant l'observation du monde tel qu'il est et tel qu'il tourne, un peu comme le fut la mélancolie, mal du XIXe siècle. Je le sais, et je puis en témoigner : je souffre de ce mal depuis mon adolescence.

C'est un fait, et je le déplore : l'honneur n'est pas à la mode. Il n'y a là rien de très étonnant : dans une époque où le cynisme et le scepticisme commettent des ravages, nous en avons perdu le sens. Je me désole chaque jour de constater que ce mouvement de l'esprit et de l'humeur, qui fut si impérieux pour certains hommes, cette injonction perpétuelle, qui vous intime de vous tenir droit, vous rappelle sans cesse à l'ordre, dans la vie quotidienne comme dans ces moments où une décision engage toute une existence, est sur le point de disparaître, expulsé de notre imaginaire, de nos sensibilités, de nos mentalités, un peu comme le seraient les banlieues de notre conscience. J'exagère ? Non. À bien considérer notre monde aujourd'hui, on en vient même à se demander si ce trait de caractère est appelé à ne plus se perpétuer à l'avenir que chez quelques aristocrates en rupture de ban, au sein de cette étrange confrérie qu'est celle des voyous à l'ancienne, ou encore dans la rubrique des faits divers d'un journal local corse. Cela fait peu de monde, à la fin. Homme d'honneur : il y a pourtant dans ces deux mots une délicieuse promesse de rectitude. Bandit d'honneur : l'expression a quand même plus de gueule que le mot vendetta.

De toute évidence, la nostalgie de l'honneur traîne dans les parages du désir de grandeur et de la passion pour la littérature. L'adolescent qui a lu *Les Trois Mousquetaires* sait pour toujours ce qu'est l'honneur : il a le visage et les traits d'Athos. Cyrano de Bergerac est son cousin. La réalité est tout aussi féconde pour l'imagination que la fiction : celui qui se plonge dans une biographie du général Leclerc pressent vite qu'une certaine conception de l'honneur peut conduire un homme à se dépasser jusqu'à se transcender – et à mourir pour l'idée qu'il se fait de la vie dont il est l'obligé. C'est cette notion-là, en laquelle je vois une esthétique autant qu'une morale, qui m'intéresse, et c'est d'elle que j'entends parler ici. C'est le goût de l'honneur qu'éprouvent les jeunes gens. C'est l'aspiration à l'honneur qui anime les exaltés. C'est l'instinct de l'honneur qui fait les héros. En écrivant cela, je fais appel à la part d'enfance et à l'exigence d'idéal qui sommeillent en chacun de nous. Car je crois sincèrement que cette part d'enfance et cette exigence d'idéal nous permettent de réaliser des miracles.

J'ai bien conscience que la nostalgie de l'honneur, avant de devenir une affliction, s'appuie sans doute sur des prédispositions psychologiques. Peut-être faut-il aussi chercher dans ce mal des racines héréditaires ? C'est probable. En ce qui me concerne, je sais d'où me vient ce tourment. C'est tout le sujet de ce livre.

Le serment de Manoka

« Mon capitaine, j'ai bien compris que le colonel Leclerc attend de moi que je poursuive le combat. Mais je vous demande une heure de réflexion. Parce que c'est aussi la vie de mes hommes que j'engage si je décide de le suivre, lui et le général de Gaulle.

— Bien, mon capitaine, répond le capitaine Tutenges. J'attends votre réponse dans une heure. Le colonel Leclerc m'a également chargé de vous dire que le temps presse, que nous avons une guerre à mener. Et à gagner. »

Combien de fois l'ai-je entendu me la raconter, cette scène qui décide de son destin et, par contrecoup, de celui de toute sa famille ? Elle se déroule à Manoka, à l'extrémité du Cameroun où, alors jeune capitaine dans l'artillerie coloniale, il commande une batterie de côte, et elle se tient vers huit heures du matin, le 28 août 1940, au cours de l'une de ces trois journées qui ont vu se rallier au général de Gaulle les colonies d'Afrique équatoriale française, journées que les historiens qualifient de Trois Glorieuses de la France libre. Combien de fois l'ai-je entendu me la raconter, cette scène, et combien de fois me la suis-je représentée par la pensée ? C'est très simple : à mes yeux, elle illustre la définition même de l'héroïsme, cette étrange faculté de comportement dans laquelle il entre une indéniable grandeur mais aussi une extrême inconscience.

Qu'a-t-il bien pu se passer dans son esprit ce matin du 28 août 1940 ? Il ne m'en a jamais rien dit mais il est assez aisé de le supposer. Une pensée pour sa femme, bien sûr, restée en France, avec leurs deux filles, âgées de quatre et deux ans. Une pensée pour sa mère, aussi, toujours vêtue de noir parce qu'elle était devenue veuve très jeune, et sur qui repose l'avenir de l'entreprise familiale, une usine de boutons de nacre située à Bernaville, dans la Somme, qui emploie quelques centaines d'ouvriers et qui, par une étrange coïncidence, se trouve à quelques kilomètres de Tailly, la maison d'un certain Philippe de Hauteclocque. S'est-il dit qu'il pouvait mettre la vie des siens en danger s'il s'écartait de la légalité en optant pour le ralliement à la France libre plutôt que l'obéissance à Vichy ? A-t-on conscience, à trente et un ans, des conséquences de ses actes lorsqu'ils sortent de l'ordinaire du fait de circonstances exceptionnelles ? Et, surtout, les scrupules de prudence peuvent-ils tenir longtemps lorsque le souffle de l'épopée passe devant vous ? N'avait-il pas choisi la Coloniale précisément parce qu'il cherchait l'aventure ?

Il n'en reste pas moins que j'en reviens encore et toujours à cette scène fondatrice de son existence : quelle décision insensée il prit le 28 août 1940 ! Mais de quelle lucidité il fit preuve également ce jour-là. Je me souviens qu'il me dit une fois avoir répondu à Tutenges :

« Mais enfin, je ne connais pas ce colonel Leclerc ni ce général de Gaulle dont vous me parlez ! Vous voulez continuer la guerre contre toutes les forces de l'Axe ? Très bien ! Mais combien d'hommes avez-vous derrière vous ? »

Et Tutenges de répondre :

« Mon capitaine, nous avons les deux cents hommes de la compagnie du capitaine Dio. Il s'est rallié à nous hier soir… »

La veille, en effet, Dio s'était rallié avec sa compagnie de méharistes. La scène a été maintes fois racontée dans les livres consacrés à la 2e DB parce qu'il s'agissait du premier ralliement d'un officier français derrière Leclerc, et qu'il était aussi théâtral que rocambolesque – car, pour dire la vérité, tout avait failli tourner à la farce… Mais le ralliement du capitaine Dio, grande gueule d'une extrême modestie, ce qui n'est qu'apparemment contradictoire, dont l'esprit mystique et le caractère granitique trouvaient sans doute leur source dans sa Bretagne natale, chef adulé de ses hommes parce qu'il les avait sauvés d'une mort certaine au cours d'une tempête de sable en Mauritanie, bref, un de ces personnages hauts en couleur comme seule la Coloniale en a produit, illustre parfaitement l'état d'esprit de ces jeunes officiers d'élite alors disséminés aux confins de notre empire. Saint-cyriens ou polytechniciens, parfois sortis du rang, ayant lu Charles Péguy, Georges Bernanos et Ernest Psichari, ils avaient choisi les affectations les plus lointaines possibles pour échapper à la métropole et à la banalité de la vie en garnison, et ils ne demandaient qu'à servir.

La veille, donc, le colonel Leclerc, accompagné du commandant de Boislambert, était arrivé à Douala. Objectif : s'emparer au plus vite de la capitale du Cameroun, territoire sous mandat français de la SDN, géographiquement situé au centre de l'Afrique, et donc d'une importance stratégique considérable. Ancienne colonie allemande, le Cameroun était aussi, pour ces mêmes raisons, l'objet des visées du régime hitlérien. Parti à l'aube du 26 août en pirogue avec vingt-deux hommes sur le fleuve Wouri, Leclerc était, malgré une tornade tropicale qui avait bien failli renverser les embarcations et livrer leurs occupants aux caïmans, enfin parvenu sur son objectif dans la nuit du 27 août. Mais, ratant le quai en voulant enjamber sa pirogue, il était tombé à l'eau, tout comme Boislambert ! Quand on songe que l'épopée de la 2e DB aurait pu tourner court sur cet incident burlesque… L'épisode plomba le moral des vingt-deux hommes présents – mais pas celui de leur chef.

Quelques heures plus tard, dans la version qu'en a livrée Boislambert, et qui est celle qu'ont retenue les anciens de la Division Leclerc, le nouveau colonel auto-promu – en tant que chef d'escadron, il avait le grade de commandant, mais il s'était fait coudre sur les manches deux galons supplémentaires pour en imposer davantage – se livrait dans une case à une harangue devant les officiers qui avaient été jugés susceptibles de poursuivre le combat. À la fin de son exposé, un homme sortit sans rien dire d'un pas lourd et lent. Boislambert, qui se tenait près de la porte pour surveiller l'assistance et interdire l'entrée aux officiers suspects de sympathies vichystes, dégaina son pistolet et lui intima de s'arrêter.

« Où allez-vous ? demanda Boislambert.

— J'ai compris, répondit de sa voix traînante cet homme qui se nommait Louis Dio. Je vais chercher ma compagnie. »

Admirable réponse. La personnalité tout en complexités et en abîmes intérieurs de Dio se trouve presque résumée dans ces quelques mots abrupts. Dio, cet homme qui incarne à mes yeux le parfait broussard de la Coloniale, soldat dur au mal, courageux, râleur et instinctif, mais farouchement épris d'absolu. Un grognard de la Grande Armée, en quelque sorte, mais un grognard métaphysique, comme le serait un alliage improbable, bien que réussi, d'Athos, Porthos et Aramis, rompu en outre aux géographies lointaines et aux climats des latitudes extrêmes. Comment Philippe de Hauteclocque, l'aristocrate picard, le cavalier sorti de Saumur, si à cheval sur la discipline, les horaires et la tenue, avec ses codes si différents de ceux des Marsouins et des Bigors, sut-il trouver les mots qui résonnèrent dans les cœurs et les esprits de ces baroudeurs très peu au fait du drame qui s'était joué dans la métropole ? Aujourd'hui encore, je m'interroge sur le miraculeux amalgame qu'il est parvenu à réaliser. Et je m'interroge encore davantage sur ce moment où, dans une vie, tout se joue – parfois même sans avoir rien décidé. En quelques heures, à la stupéfaction générale, Leclerc avait en effet conquis Douala sans coup férir – ce qui lui valut l'admiration de Churchill, qui citait volontiers en exemple « ces vingt-cinq hommes qui ont pris Douala, et avec lui tout le Cameroun ».

En réalité, à cet instant précis, pour que la prise du Cameroun fût totale, il restait encore à obtenir le ralliement – ou la reddition – du capitaine Jean Crépin, qui commandait alors la force la plus importante de ce territoire, avec sa batterie côtière déployée sur l'île de Manoka, face à l'océan Atlantique, d'où il tenait et surveillait l'embouchure du fleuve Wouri et, donc, l'accès maritime à Douala. Crépin, artilleur sorti de Polytechnique en 1930, autre officier typique de la Coloniale, sérieux, rude et silencieux, qui a été lui aussi décrit à Leclerc comme un fort caractère, difficile à manœuvrer, et pas seulement parce que l'homme en question est un colosse d'un mètre quatre-vingt-cinq et qu'il pèse près d'un quintal.

« Alors, mon capitaine, demande Tutenges, quelle est votre décision ?

— Mon capitaine, répond-il. Allez dire au colonel Leclerc qu'il avait deux cents hommes et qu'il en a désormais quatre cents. »

Et voilà, c'est dit. Maintenant, il ne peut plus reculer. Foi de Crépin et parole de Picard. D'ailleurs, a-t-on jamais vu un Picard manquer à sa parole dans l'armée française ? Certes non. À plus forte raison lorsque la parole, librement donnée, est accrue comme ici de la force que procure le temps de la réflexion. Pense-t-il à cet instant à ses ancêtres, à tous ces Picards qui ont fourni aux rois de France l'ossature de leurs armées, leur offrant même leur premier régiment d'infanterie de ligne, cette unité dont les origines sont si anciennes qu'elles se confondent avec celles du pays ? « On ne relève pas Picardie » n'est-elle pas, aujourd'hui encore, la devise du premier régiment d'infanterie ? « Ne rien lâcher », l'ai-je souvent entendu dire. C'est une réflexion de Picard.

Dans l'histoire de la 2e DB, il y a le si beau serment de Koufra – « Jurez de ne déposer les armes que lorsque nos couleurs, nos belles couleurs, flotteront de nouveau sur la cathédrale de Strasbourg » –, que prononça Leclerc avec l'impérieux lyrisme de l'urgence au lendemain de sa première victoire, à l'aube de l'année 1941, qui fut comme un acte de foi et une promesse très intime pour chacun de ses soldats. Mais, dans mon esprit et dans ma mythologie personnelle, il y a aussi le serment de Manoka : celui d'un homme seul, qui s'interroge dans le huis clos de son for intérieur, et qui décide de poursuivre le combat avec quelques autres contre les forces de l'Axe, entreprise folle et hasardeuse. Un serment pris en pleine conscience et en toute lucidité, par un homme d'honneur, dont la parole vaut bien plus que les paraphes griffonnés sur les feuillets d'un contrat de banque ou qu'une signature que l'on appose sur la dernière page d'un traité international. Cet homme était le père de ma mère. Mon grand-père, donc.

L'intermède chinois

Il avait connu ma grand-mère en Chine. Selon les récits de famille, il l'avait séduite en jouant au polo. Il faut se méfier des légendes familiales, autant pour leurs oublis que pour leurs non-dits. Mais aussi parce que la mémoire est trompeuse. Dans le cas de mon grand-père, il est certain qu'il jouait au polo, et qu'il y jouait bien. Je me souviens sans hésitation qu'il possédait cinq chevaux uniquement affectés à ce sport, des montures robustes, vives et rapides, qui n'ont rien à voir avec ces fragiles pur-sang de l'Orne, de la Manche et du Calvados qui donnent les meilleurs trotteurs et galopeurs qui soient au monde. Je n'ai pas retenu leurs noms. Que sont devenus ces chevaux ? Je m'aperçois aujourd'hui que je ne lui ai jamais posé la question. Sans doute les a-t-il revendus à un officier de la concession française de Tientsin (aujourd'hui Tianjin) avant de rentrer en France et de repartir pour le Cameroun. Pour tout dire, dans la vie de mon grand-père, l'intermède chinois est la période que je connais le plus mal. Il importe donc de serrer au plus près les quelques éléments de vérité dont je dispose, au risque que celle-ci apparaisse mince et banale.

En sortant de Polytechnique avec le grade de sous-lieutenant, il avait donc choisi les troupes coloniales et, au sein de celles-ci, l'artillerie. Sa première affectation, en 1933, fut un poste lointain et oublié, qui répondait parfaitement à ses souhaits d'exotisme : la concession française de Tientsin. Paul Claudel, qui y fut consul pendant trois ans, s'y ennuya à mourir. Grand-Père y joua au polo et s'y maria. Ce qui, rétrospectivement, m'apparaît comme une forme d'exploit tant les ressortissants français, avec moins de trois cents représentants, y étaient peu nombreux à l'époque. Trouver la femme de sa vie dans une communauté composée d'un échantillon si peu représentatif de la population française était, d'un point de vue statistique, une hypothèse hautement improbable. Mais il y parvint. Il faut imaginer le sous-lieutenant Jean Crépin, jeune homme de vingt-deux ans, plein d'allant et d'avenir, rongeant son frein dans cet Orient extrême, englué dans l'humidité asiatique, la routine et le règlement tatillon d'une vie de garnison.

Etait-ce vraiment le cas d'ailleurs ? Ne suis-je pas en train de reconstruire et fausser son itinéraire en lui conférant a posteriori, moi qui connais évidemment la fin de l'histoire, une logique et une cohérence qu'il n'avait pas sur le moment ? À l'échelle des siècles, les périodes de paix et d'accalmie sont, en règle générale, et Dieu merci, plus nombreuses dans la vie d'un soldat que les temps de guerre. *Le Désert des Tartares* n'est pas seulement un grand roman parce que le lecteur ne s'ennuie pas un instant alors qu'il ne s'y passe rien, c'est aussi une parfaite métaphore de la condition militaire et, au fond, de la vie qu'aiment les officiers comme les hommes du rang. Après tout, ne valait-il pas mieux passer quelques années à Tientsin, à découvrir la langueur des femmes, les messes dites par les pères missionnaires et les colères d'ivrogne d'un adjudant-chef, plutôt que de rester vivre à Amiens, en devenant architecte, avocat ou médecin ? Le département de la Somme avec ses champs de betteraves et son rideau de pluie pour seul horizon ? Combien je comprends qu'il ait eu soif d'ailleurs et d'aventure… Pour cette génération d'officiers, dans cette France où le temps passait si lentement, où le mot de mondialisation n'existait pas encore, l'expatriation, forcée ou consentie, était d'un attrait irrésistible.

Il rencontra donc ma grand-mère, qui se prénommait Marguerite, et l'épousa. J'ai sous les yeux un album de photos prises le jour de leur mariage dans la cathédrale Notre-Dame-des-Victoires de Tientsin. Ma grand-mère, fine et menue dans sa robe blanche que suit une longue traîne, qui s'étale sur le sol comme le ferait une corolle de nénuphar flottant sur une rivière pleine d'écume, est tournée vers lui et l'on discerne dans son regard une admiration intense. Elle paraît intimidée par la solennité de l'événement quand lui regarde l'objectif droit dans les yeux, comme il a toujours regardé l'avenir, bien en face. Ce qui me frappe, sur ces photos sépia dont la composition et l'ordonnancement sont dictés par un protocole rigoureux autant que par les codes esthétiques de l'époque, c'est, malgré tout, une impression de naturel, et, surtout, le sentiment de force et de confiance en soi qui émane déjà de lui. Il est vêtu de la tenue d'apparat des artilleurs de la Coloniale, c'est-à-dire le grand uniforme en toile de coton blanc de l'époque, avec la vareuse aux boutons dorés et aux épaulettes écarlates rehaussées de broderies en cannetille. Il porte sur son côté gauche le grand sabre de parade des officiers.

L'autre personnage important de ce mariage est son beau-père, d'une parfaite distinction dans sa jaquette qui lui sied tant qu'il semble être né avec elle. Ingénieur de formation, ancien élève de l'Ecole centrale de Paris, d'une beauté de nos jours, moderne ou contemporaine, comme on voudra, peu commune donc pour un homme de cette époque, mon arrière-grand-père était ce qu'il est convenu d'appeler un esthète, mais un esthète bohème, capable, à la manière des Anglais, des plus grandes fantaisies ou excentricités, qu'elles fussent vestimentaires ou qu'il s'agisse d'extravagances de comportement. Après avoir vécu quelques années au Chili, puis en Egypte, il s'était installé après la Grande Guerre avec sa femme en Chine où, appelé par je ne sais quelle compagnie française ou chinoise, il avait été chargé de concevoir et faire construire la ligne de chemin de fer destinée à relier Pékin à la Mandchourie, ainsi que celle joignant Sian Fou, capitale du Chensi, province centrale de la Chine historique, à la façade maritime.

Le Pope, puisque tel était son surnom dans la famille, bien que jamais il n'eût porté la barbe, mais seulement une fine moustache, comme c'était alors l'usage dans un certain milieu, était un sinologue doublé d'un érudit. Ainsi prenait-il chaque jour deux heures de cours de mandarin avec un professeur particulier afin de se maintenir au niveau, rare pour un Européen, qu'il avait réussi, certainement au prix de grands efforts et avec d'immenses difficultés, à atteindre. Lors de ses nombreux déplacements en Chine, le Pope avait été amené à faire la connaissance du père Teilhard de Chardin, dont il était devenu l'ami proche. Je ne connais évidemment pas la teneur de leurs discussions mais, m'étant aventuré un jour à lire, je devais avoir quinze ou seize ans, *Le Phénomène humain,* que j'avais tiré d'une des étagères de la bibliothèque de mon père, attiré par ce nom que j'avais entendu prononcer à maintes reprises dans mon enfance, j'avais pris conscience de ma nullité crasse par rapport aux grands hommes dont on parlait dans ma famille. C'est bien simple : je ne comprenais absolument rien à ce qu'écrivait le père Teilhard, que je n'ai pas relu depuis. J'essayais de me rattraper sur les ouvrages du révérend père Huc, missionnaire et jésuite lui aussi, un classique de la bibliothèque de mon grand-père, qui tenaient davantage de l'anthropologie, de l'ethnographie et du récit de voyage que de la réflexion métaphysique, mais le souci de la vérité m'oblige à dire qu'il m'apparaissait clairement que je n'étais pas au niveau. Les livres d'histoire militaire et les romans de Stendhal ou d'Honoré de Balzac m'intéressaient bien davantage. Quelques années plus tard, lorsque je fus à mon tour pensionnaire chez les Jésuites, comme mon père et son père l'avaient été, je pris conscience que je ne devais, ni ne pouvais, m'inscrire dans les pas de ceux qui m'avaient précédé. Il me faudrait un jour, et c'est bien naturel, trouver mon chemin et m'inventer, non pas un destin mais, au moins, une histoire, et fredonner une petite musique différente pour justifier mon existence.

Bref, le Pope, assisté parfois du père Teilhard, avait profité des travaux de la ligne de chemin de fer qu'il était chargé de construire pour procéder, dans le désordre des fonctions et la confusion des genres qui caractérisaient cette époque, à des fouilles archéologiques. Car, en réalité, la véritable raison de vivre de mon arrière-grand-père était les antiquités. Il collectionnait les classiques du genre, bien sûr, comme les objets les plus improbables, les livres anciens, les tapis impériaux, les commodes françaises du XVIIIe, les bronzes chinois du IIIe siècle avant Jésus-Christ, les porcelaines Ming, et sacrifiait tout à cette passion dévorante et jamais assouvie. Même ruiné, sort qui lui fut hélas réservé à la fin de sa vie, il continuait à courir, non plus les antiquaires mais les brocanteurs pour acquérir des encyclopédies qu'il achetait au mètre linéaire, des hebdomadaires anglais satiriques reliés par années calendaires, et même de vieux papiers froissés ou tachés qu'il entassait chez lui, dans les tiroirs de ses commodes qui racontaient sa déchéance après avoir été le témoignage de sa splendeur et de son goût exquis et parfait. Je le soupçonne de s'être davantage intéressé, sur la fin, à la qualité et à la beauté des reliures qu'au contenu des ouvrages. À sa mort, on découvrit l'ampleur de ses collections : plus de trois mille bronzes et autant de porcelaines !

Dans l'album de photos du mariage de mon grand-père apparaît également la sœur de ma grand-mère, Tante Annette, qui avait épousé un aristocrate sarthois. De leur union allaient naître un garçon et deux filles. Cette branche de la famille a fait souche depuis en Amérique. Elle a manifestement hérité de l'extravagance du Pope : ainsi mon oncle Henri, après avoir travaillé pendant de longues années en tant qu'ingénieur à la Nasa, a-t-il définitivement opté pour la voie de l'aventure solitaire en répondant à l'appel du Grand Nord, à la manière de certains de ces personnages si singuliers que l'on croise dans les romans de Jack London, jusqu'à devenir pêcheur et trappeur dans le Maine, où il vit aujourd'hui en alternance entre sa maison de Bass Harbor, sur l'île des Monts Déserts, et une cabane d'homme des bois près de la frontière qui sépare les Etats-Unis du Canada. En revanche, ni la mère ni le frère de mon grand-père ne figurent dans cet album. Je suppose que la durée, le coût des trajets entre la France et la Chine, et l'aventure que représentait un tel voyage, formaient à l'époque une barrière dissuasive.

Comme j'allais le découvrir par la suite, cet épisode chinois fut l'une des rares longues périodes de bonheur et de tranquillité qu'aura connues mon grand-père. Ainsi, me dis-je parfois, a-t-il quand même été donné à cet homme qui aura guerroyé pendant plus de vingt ans de connaître les joies paisibles de la paternité et de la vie de famille. Pour d'autres raisons, sans qu'il le sache à l'époque, sans même qu'il puisse le pressentir, son séjour à Tientsin et la fréquentation assidue du père Cornet, missionnaire lazariste qui avait passé la plus grande partie de sa vie au milieu des paysans vivant le long du Fleuve Jaune, et de son beau-père, l'un des rares Européens à même de lui faire découvrir les complexités de l'âme et les subtilités de la civilisation chinoise, lui seraient aussi, par la suite, d'un immense secours.

Une tête de gaulliste

« Il a vraiment une tête de gaulliste ! » La sentence vient de tomber et elle est prononcée par Marcel Schneider. Cet écrivain très raffiné, pour tout dire assez maniéré, peu connu du grand public, est venu dîner chez moi. Nous sommes à Neuilly-sur-Seine, un soir de printemps de l'année 1998. Les fenêtres sont grandes ouvertes et, depuis le salon, on entend les oiseaux chanter dans les bouleaux et le cèdre du Liban du jardin voisin. Attiré par une photo sous verre qui se trouve sur un bureau, il s'en approche, saisit le cadre en métal argenté, observe attentivement le cliché en noir et blanc et finit par me demander le nom de l'homme qui y figure. Je lui réponds qu'il s'agit d'un agrandissement d'une photo d'identité de mon grand-père. On l'y voit, à trente-quatre ans, avec ses galons de lieutenant-colonel, les yeux clairs et les cheveux plaqués en arrière, les traits marqués par trois années de guerre dans le désert. Ce n'est déjà plus un homme jeune, c'est un vieux briscard qui a combattu contre l'Afrika Korps de Rommel, a contracté le paludisme, s'est vu soumis comme ses troupes aux rationnements et a été contraint de boire des semaines durant de l'eau polluée, mélangée avec du carburant dans un jerrican. Il se dégage de cette photographie une force étrange, presque animale, que rien ne semble pouvoir arrêter. Le regard est perçant, on distingue mal, épinglée au-dessus de sa poche de poitrine, une modeste barrette de décorations – « La grandeur est dans la simplicité », disait-il souvent –, mais ce sont déjà les plus rares et les plus éclatantes par le prestige que puisse obtenir un soldat de métier : la Légion d'honneur, l'épée à double garde, en forme de croix de Lorraine, des Compagnons de la Libération, la croix de guerre ornée d'une demi-douzaine de palmes. La photo a vraisemblablement été prise au cours de l'été 1943 à Témara, au Maroc, lors d'une longue période sans combat des hommes constituant ce qu'on appelait encore la Force L. C'est au cours de ces quelques mois que l'encadrement s'était employé, à coups de manœuvres et d'entraînements poussés, à transformer en véritable unité de cavalerie blindée, prête à combattre en France, dans les rigueurs hivernales de son climat continental, ces soldats coloniaux si baroques et si démunis de moyens qu'André Malraux a pu les décrire, avec un lyrisme confondant de vérité, comme les « clochards épiques de Leclerc ». Lorsqu'ils se retrouvaient entre eux, les anciens de la 2e DB surnommaient cette période « l'amalgame », parce qu'il s'agissait également de faire émerger un esprit de corps de la réunion des unités FFL d'origine avec des éléments de l'armée d'Afrique jusque-là restés fidèles à Vichy. Ce qui ne fut pas chose aisée.

Que voulait dire Marcel Schneider, dont la première réaction avait été d'être saisi par le regard, la force virile et la vitalité qui émanaient de mon grand-père ? En réalité, je ne le devinais que trop bien. En premier lieu, il entrait dans le point de vue de Marcel Schneider la conviction que se battre – et, à plus forte raison, pour un germaniste comme lui, faire la guerre au peuple allemand – était d'une grande vulgarité. Mais là n'était pas le plus important. La vérité, et j'étais stupéfait que cette croyance pût encore trouver à s'exprimer à mots couverts en cette fin de XXe siècle, n'était pas avouable pour quelqu'un de bien élevé, ou qui se considérait comme tel. Je savais évidemment que Marcel Schneider avait été un fidèle ami de Paul Morand, qui lui avait d'ailleurs légué sa garde-robe. Soit. Mais je n'imaginais pas un instant qu'il pût ainsi, presque cinquante ans après la guerre, perpétuer le snobisme absurde de la princesse Soutzo, épouse de l'auteur de *L'Homme pressé*. Outre son antisémitisme rédhibitoire, qui est une offense au cœur et une insulte à l'intelligence, Hélène Chrissoveloni avait transmis à son époux une vision et une conception de la société qui tenaient plus de la cécité que de la clairvoyance. On a beaucoup glosé sur les raisons pour lesquelles Paul Morand, en poste à Londres de 1939 à 1942, refusa toujours de rencontrer le chef de la France libre. La raison principale, qui n'avait guère à voir avec les prudences de son métier de diplomate, tenait sans doute, et Marcel Schneider venait involontairement de me le rappeler, à cette phrase d'Hélène Morand, qui résume bien l'état d'esprit qui était le sien ainsi que celui de son mari : « Mais, mon cher, ces gens-là ne sont pas de notre monde… » Ce soir-là, j'évitai d'entrer en conflit avec Marcel Schneider, ne souhaitant pas ranimer le feu d'une querelle que j'aurais préféré voir éteinte. À quoi bon avancer le moindre argument puisque je savais que je ne le ferais pas changer d'avis…

Sur le fond, l'observation de la réalité et l'analyse des faits montre que, même de son point de vue, Hélène Morand se trompait. Elle ne voulait voir dans les maigres effectifs de la France libre qu'un ramassis de déshérités, de laissés-pour-compte et d'éclopés de la vie, communistes, juifs et autres marins-pêcheurs bretons, sans éducation ni tenue, version accréditée par le général de Gaulle lui-même, qui jugeait vital de rassembler le plus largement possible autour de lui, sans aucune exclusive. Or combien de princes, français ou étrangers, jusqu'au prétendant à la couronne de France, le comte de Paris, qui s'engagea sous un pseudonyme dans la Légion étrangère, combien de ducs, marquis et autres barons accourus des beaux quartiers comme des campagnes les plus reculées ont servi le général de Gaulle ! Même un Carme à particule sortit de sa retraite monastique pour combattre… Enumérer leurs noms serait fastidieux tant ils sont nombreux. La liste des patronymes des Compagnons de la Libération issus de la France libre évoque plus les pages du Bottin mondain que les inscriptions gravées sur le monument aux morts d'une ville de garnison de taille moyenne : les titres nobiliaires des aristocrates, les particules et les traits d'union des grands bourgeois y sont proportionnellement surreprésentés compte tenu de leur nombre et de leur poids réel dans la société française de l'époque. C'est très simple : si vous croisiez, entre 1941 et 1943, dans le désert du Tchad, de Libye ou de Tunisie, du côté de Bir-Hakeim, Tobrouk ou Ksar Ghilane, un officier français de la 1re DFL (1re Division Française libre) ou de la Force L, il y avait de très fortes chances, d'un point de vue statistique, pour qu'il fût d'excellente extraction. Des hommes du monde, ces gaullistes, vous dis-je... À l'inverse, mais il n'y a guère de raisons de s'en étonner, ce phénomène social ne s'est pas reproduit dans la Résistance intérieure, où le recrutement, provenant en grande partie de la société civile, était bien plus diversifié.

Parmi ces FFL de haute volée, certains sont tombés au champ d'honneur, expression qui paraît aujourd'hui désuète mais que j'ai si souvent entendu prononcer autrefois. D'autres ont laissé leur nom ou leur empreinte dans les mémoires. Je songe aux aviateurs François de Labouchère et Emile Fayolle, Roland de La Poype, Pierre Clostermann, Jacques de Vendeuvre et Maurice du Boisrouvray, aux marins Georges Thierry d'Argenlieu, Hubert Amyot d'Inville et Jean des Moutis, aux légionnaires Pierre Messmer, Jean Simon, Jacques de Lamaze, Joseph de Ferrières et Jacques de Bollardière, au colonel Raoul Monclar et au capitaine Gabriel de Sairigné, aux méharistes Jean de Bazelaire et Diego Brosset, aux spahis Etienne de Vaux et Geoffroy de Courcel, aux artilleurs Jacques de Guillebon, Jean-Claude Laurent-Champrosay et Pierre Château-Jobert, aux tirailleurs Jean d'Ornano et Jacques Massu, aux cavaliers Alain de Boissieu et Emmanuel d'Harcourt, aux parachutistes Roger de La Grandière et André Zirnheld, au médecin François Jacob. La liste n'est évidemment pas exhaustive. C'étaient des braves. Tous ont été faits Compagnons de la Libération, membres de cet ordre fermé et figé dans le temps, comme la noblesse d'épée dont il était inspiré, qu'elle fût issue de l'Ancien Régime ou du Premier Empire, ordre en lequel le général de Gaulle voyait une chevalerie, qu'il avait d'ailleurs songé à appeler les Croisés de la Libération, avant de se raviser pour éviter de lui donner une tonalité par trop catholique.

Me retournant aujourd'hui sur cette période encore récente mais déjà lointaine, je m'aperçois que j'ai eu l'immense chance, étant enfant, chance qui fut rarement accordée parce qu'il s'agissait d'un tout petit monde, de pouvoir rencontrer chez mes grands-parents plusieurs de ces hommes qui avaient fait l'histoire, de les croiser dans le cadre de cérémonies officielles – les prises d'armes et les remises de décorations, le 18 juin au Mont-Valérien, la messe pour l'anniversaire de la libération de Paris le 26 août à Notre-Dame – ou lors de ces événements annuels qu'étaient, pour les familles des anciens FFL, les ventes de charité de la 2e DB et de l'armée Rhin et Danube. À chaque fois, j'étais ébloui, c'est bien le mot, et subjugué par l'énergie, la force et la certitude intérieure que dégageaient ces hommes magnifiques, sanglés comme à la parade dans leurs uniformes rutilants, qui faisaient claquer leurs talons et s'entrechoquer leurs décorations lorsqu'ils s'inclinaient devant une femme pour lui baiser la main. Oui, la vie promettait d'être passionnante, me disais-je les soirs où mes grands-parents recevaient dans la grande villa de Fontainebleau que leur avait octroyé l'Otan, tandis que je m'endormais dans mon lit d'enfant, enivré par les parfums entêtants des femmes en robe du soir, et bercé par le brouhaha des conversations, le cliquetis des couverts sur les assiettes et le tintement des verres en cristal, les yeux pleins de cette esthétique militaire qui m'a marqué à jamais, le cœur gonflé de rêves de gloire, de désirs confus d'aventure et d'espoirs de lointain.

L'un de ces soldats d'élite, que je n'ai malheureusement pas connu, avait frappé les imaginations de l'époque et aurait à coup sûr fait taire les réticences sociales de la princesse Soutzo. Avait-il, selon les critères de Paul Morand et de Marcel Schneider, une tête de gaulliste ? Sans aucun doute. Mon grand-père m'a souvent parlé de cet officier pour lequel il exprimait volontiers son admiration. Je veux parler du lieutenant-colonel Dimitri Amilakvari. S'étaient-ils connus ? Vraisemblablement oui, si j'en crois la teneur et la précision de ses récits, mais je ne saurais dire où ni dans quelles circonstances. Car, a priori, ils n'avaient guère eu d'occasion de se croiser, Amilakvari servant dans la 13e DBLE (13e Demi-Brigade de Légion étrangère), fer de lance de la 1re DFL (1re Division Française libre), tandis que Grand-Père se trouvait dans la Force L, futur pivot de la 2e DB (2e Division Blindée). S'étaient-ils rencontrés durant leurs études ? Là encore, c'est peu probable, le premier étant saint-cyrien, le second polytechnicien. Mais ils avaient le même âge, à deux ans d'écart près.

Parfois surnommé Bazorka, en référence à son village natal, Dimitri Amilakvari était issu d'une vieille lignée de princes géorgiens, la maison Zedguinidze, dont les descendants avaient été contraints à l'exil lors de l'invasion de leur pays par l'Armée rouge en 1921. On racontait une jolie histoire familiale à son propos, une histoire qui remontait plus ou moins à la nuit des temps. L'un de ses ancêtres avait fait, en une époque très reculée, rempart de son corps pour protéger le roi de Géorgie lors d'une révolution de palais. Pour bien marquer sa gratitude envers ce simple commensal, le roi l'avait nommé grand écuyer de la Couronne de Géorgie. Il faut croire que certaines vertus se transmettent de père en fils dans certaines familles auxquelles elles semblent tout naturellement réservées. C'est, du moins, ce que l'on peut se dire lorsque l'on médite quelques instants sur le destin d'Amilakvari. Bien qu'étranger, il avait été admis à Saint-Cyr, et avait été affecté ensuite dans la Légion étrangère. Une photo le représente, le 14 juillet 1939, sur les Champs-Élysées, marchant en tête de sa compagnie lors du dernier défilé qu'a connu la France avant l'invasion allemande. Échappant à la grande débâcle de 1940, il s'était illustré au cours de la bataille de Narvik, à laquelle il avait participé avec le corps expéditionnaire envoyé en Norvège. Naturalisé français, ne pouvant se résoudre à l'idée de la défaite, il avait rejoint Londres le 21 juin 1940 avec son chef, le colonel Magrin-Vernerey, surnommé Monclar, quelques officiers de la « 13 » et la moitié de la demi-brigade. Puis ce furent les campagnes de Syrie et de Libye. Il était à Bir-Hakeim, comme on dit dans l'armée, à l'image de ce que l'on disait sous l'Empire des braves qui avaient combattu à Austerlitz, sous les ordres de Soult ou de Davout, et son comportement au cours de cette bataille lui avait valu d'être ordonné Compagnon de la Libération. Une célèbre photo le montre au garde-à-vous, lors d'une prise d'armes dans le désert, aux côtés du général Koenig, alors que ce dernier reçoit la croix aux couleurs du deuil et de l'espérance voulue par le général de Gaulle pour distinguer ses meilleurs compagnons.

Je me souviens de Grand-Père me racontant, la voix étranglée, ce qui était rare, la mort d'Amilakvari, au cours de la bataille d'El Himeimat, qui se déroula à la fin du mois d'octobre 1942 : « Le matin de sa mort, me disait-il, ses hommes avaient eu la surprise de le voir paraître en tenue de parade sur le champ de bataille. L'un d'eux lui avait demandé pourquoi il s'était habillé ainsi. Amilakvari avait répondu, en grand prince qu'il était : "Mon cher, lorsqu'on risque de paraître devant Dieu, il convient de porter une tenue convenable !" Quelques heures plus tard, alors qu'il se trouvait au milieu de ses hommes, en première ligne comme d'habitude, il reçut un éclat d'obus dans la tempe. Il a été enterré à El Alamein où, m'a-t-on dit, certains de ses hommes l'ont pleuré une nuit entière. » Certes, la Légion étrangère sait, mieux que toutes les autres troupes, rendre hommage à ses morts. Mais elle s'était surpassée pour ce prince géorgien, pure figure du héros antique, qui avait choisi de se battre pour la France libre. « Nous, étrangers, écrivit Amilakvari au soir de la bataille de Bir-Hakeim, nous n'avons qu'une seule façon de prouver à la France notre gratitude pour l'accueil qu'elle nous a réservé : nous faire tuer pour elle. »

De tels soldats n'étaient-ils pas de très grands seigneurs ? C'est ce que j'aurais aimé expliquer à la princesse Soutzo s'il m'avait été donné de la rencontrer, mais que je ne pus ce soir-là me résoudre à dire à ce cher ami qu'était Marcel Schneider. Je ne pouvais penser un instant que viendrait un jour où, nos femmes et nos enfants se faisant assassiner le soir de la fête nationale, et nos prêtres égorger dans leurs églises, les mots d'Amilakvari prendraient une si étrange résonance. Que s'est-il passé pour que nous perdions ainsi le fil de notre histoire ? Ce n'est pas mon sujet, bien que cette question me tourmente chaque jour.

Il en reste une autre, qui me touche de manière plus intime et à laquelle je n'ai jamais su apporter de réponse : pourquoi Grand-Père avait-il été si bouleversé par la mort d'Amilakvari ? Je me suis longtemps demandé s'il ne fallait pas chercher la raison a contrario : c'était exactement le type de mort absurde et injuste que lui-même infligeait de façon aveugle lorsqu'il faisait tonner contre l'ennemi la pleine puissance de l'artillerie de la 2e DB.

Le beau geste

Il y a, dans ce roman grave et austère qu'est *Le Silence de la mer*, sorte de songe pacifiste plein d'une nostalgie rêvée, avec un côté démonstratif, naïf et rousseauiste qui rappelle par moments *La Grande Illusion,* une scène que je tiens pour l'une des plus belles de la littérature française. Contemplant les reliures des ouvrages rangés avec soin sur les étagères de la bibliothèque qui orne le bureau de ses hôtes contraints par la dramaturgie des événements et la force de la situation, l'officier allemand se lance dans un monologue que personne ne viendra interrompre parce qu'il y a peu de peines et d'humiliations plus attentatoires à l'honneur et à la dignité qu'une occupation de son pays, de son territoire ou de sa maison par un ennemi. Outre qu'elle proclame l'importance que revêtent la littérature et les arts dans l'éducation d'un peuple et l'identité d'une nation, cette scène décrit, mieux que bien des ouvrages en quinze tomes rédigés par de savants historiens, avec appareils statistiques à l'appui et appels de note en bas de page, ce que peut être une occupation vécue de l'intérieur – même lorsque l'on a affaire, comme c'est le cas dans le roman de Vercors, à un gentilhomme. Au fond, la seule occupation que l'on puisse qualifier de réussie parce qu'elle s'est avérée si féconde n'est-elle pas celle de la Gaule par les Romains – mais en était-ce une ?

Si l'on veut bien considérer que la philosophie est allemande, la musique autrichienne et l'opéra italien, alors il faut admettre que la littérature est française. Telle est la thèse implicite que développe Vercors par le truchement de Werner von Ebrennac, ce jeune officier à la jambe aussi raide que la nuque du commandant von Rauffenstein dans le film de Jean Renoir, qui tente en vain de réchauffer une atmosphère glaciale auprès de la cheminée de ses hôtes, et en qui certains lecteurs ont cru voir, du fait de sa vaste culture et de son respect manifeste d'autrui, un portrait d'Ernst Jünger. Certes, chaque pays d'Europe a son grand écrivain, l'Allemagne avec Goethe, l'Angleterre avec Shakespeare, l'Italie avec Dante, l'Espagne avec Cervantès. Mais qui, alors, pour représenter et résumer le génie de la France ? Est-ce Hugo, Balzac, Baudelaire, Proust ou Saint-Simon ? Voltaire, Rabelais, Molière, Ronsard, Dumas ou La Fontaine ? Rimbaud ou Verlaine ? Stendhal ou Chateaubriand ? Gide, Malraux ou Camus ? Derrière chaque lettre de l'alphabet surgissent un, deux, trois grands noms de la littérature, parfois davantage, dont le plus petit dénominateur commun est de s'exprimer en français. J'y vois la preuve que ce peuple possède, en matière de littérature et de poésie, une prédisposition psychologique indéniable et un don artistique incontestable.

Bien que très ancienne, l'intuition de Joachim du Bellay était juste : la France est bien la mère des arts, des armes et des lois. Le poète angevin aurait tout aussi bien pu placer dans son vers les armes avant les arts, la vérité ni la rime n'en auraient été affectées. Cette évidence m'apparut clairement le jour où je tombai par hasard – mais il n'y a jamais de hasard en de telles circonstances – sur un livre d'Arthur Conte intitulé *Soldats de France,* qui recense ceux de nos compatriotes qui se sont illustrés dans l'art de la guerre. Comme l'on peut s'en douter, je m'empressai de vérifier si le nom de mon grand-père figurait ou non parmi les deux ou trois centaines de noms cités. Oui, il était bien là, et j'en fus soulagé. Comme dans *Le Silence de la mer,* les noms se bousculaient, venus de toutes les époques de notre histoire, et se pressaient devant le portillon de l'alphabet. Jeanne d'Arc et d'Artagnan, Bayard et Bonaparte, Bernadotte, Bessières, Bigeard et Bugeaud, Clovis, Cambronne et le Grand Condé, Davout, Desaix et Duguay-Trouin, Fayolle et Foch, Gallieni, du Guesclin, Guynemer, Hoche et Kellermann, et ainsi de suite, sans oublier Lannes et Lasalle, Louvois et Lyautey, de Lattre et Leclerc, Marceau, Montcalm, Marmont, Masséna et Murat, Ney et Oudinot, Soult et Suchet, Suffren et Surcouf, Tourville et Turenne, Villars et Vauban, et j'en oublie volontairement. La France a inondé le monde de ces noms qui ruissellent de gloire militaire, comme s'il ne fallait jamais perdre, quel qu'en fût le prix à payer, une occasion de s'illustrer, même sur les théâtres d'opérations les plus obscurs et les plus reculés. Au point que, si l'on devait établir une sorte de balance commerciale de la notoriété internationale, on découvrirait vite que le poids de nos hommes de guerre équivaut largement à celui de nos hommes de lettres.

Au-delà de cette inclination pour la guerre, qui n'a rien à voir, entendons-nous bien, avec la bagarre, la guerre étant un art quand la bagarre est une discussion qui tourne court faute d'arguments convaincants, les Français ont une manière de combattre qui n'appartient qu'à eux. Je me souviens de discussions sans fin avec ce héros de la Royal Air Force (RAF) que fut Peter Townsend autour de la bataille d'Azincourt et de cette question cruciale : le roi Henri V avait-il contrevenu aux lois de la guerre ce jour-là en faisant tirer ses archers sur la noblesse française – ce que les règles de la féodalité et le code de la chevalerie interdisaient – puis en donnant l'ordre d'égorger les chevaliers de Charles VI qui avaient été faits prisonniers ? Une semblable traîtrise n'avait-elle pas été reproduite par les Anglais lors de la bataille de Fontenoy, lorsque les officiers du duc de Cumberland incitèrent les hommes du maréchal de Saxe à tirer les premiers ? La célèbre formule rapportée par Voltaire n'était pas qu'un échange de politesses : à l'époque, on le sait, tirer le premier lors d'un engagement d'infanterie revenait à accepter de combattre avec un handicap presque insurmontable compte tenu du temps nécessaire pour recharger les armes. À chaque fois, mon ami anglais me répondait que nous autres, Français, nous oubliions trop souvent la loi d'airain de la guerre, qui était, selon lui, la recherche à tout prix de l'efficacité afin de parvenir au résultat recherché, pour ne retenir que l'obligation du beau geste, conception chevaleresque et esthétisante, à ses yeux déjà dépassée lors de la guerre de Cent Ans.

Le beau geste, oui, il y a là, c'est certain, un nœud complexe, qui plonge au cœur de ce que nous sommes, et qui tient à la manière française de faire et de raconter la guerre. Dans son acception militaire traditionnelle, le beau geste, c'est, bien sûr, et au premier chef, la résistance des derniers carrés de la Vieille Garde à Waterloo, cette unité composée de quatre régiments, deux à pied et deux à cheval, chasseurs et grenadiers, c'est-à-dire le cœur et les poumons d'une armée digne de ce nom à l'époque, quatre régiments constitués de géants, il fallait mesurer 1,76 mètre au minimum pour en être, et avoir combattu au moins dix ans dans la Grande Armée, « l'élite de l'élite », « la crème de la crème », comme on disait alors, qui n'avait jamais reculé sur aucun champ de bataille, mais il est vrai que Napoléon la gardait toujours en réserve, sauf à Eylau, où, comme lors d'une répétition du drame à venir, il avait été contraint de la sortir de sa manche pour, au final, ne même pas emporter la décision. Cette Vieille Garde, donc, qui accepte, parce qu'il faut bien mourir un jour et qu'il vaut mieux le faire dans la dignité, c'est-à-dire poliment et noblement, c'est aussi simple que cela, et même les soudards ont parfois des intuitions d'ordre esthétique, de couvrir, avec le calme admirable des vieilles troupes, la retraite de son empereur qui avait si bien compris l'ampleur du désastre qu'il cherchait à se faire tuer sur le champ de bataille, au motif que Grouchy n'était pas à l'heure, qu'il avait été trahi par Bourmont, que Ney avait fait faucher sa cavalerie à coups d'assauts absurdes et répétés contre la redoute de La Haye Sainte et, surtout, que la chance l'avait pitoyablement abandonné après l'avoir tant servi. Le mot de Cambronne est un point d'orgue, qui ne dépare pas dans cette symphonie pathétique, qui se joue à guichets fermés devant des dieux indécis jusqu'à la dernière heure, avec, pour compléter ce tableau crépusculaire, entré depuis dans le silence de l'éternité, les grenadiers qui se frisent les moustaches pour mourir en beauté, comme le feraient de vieilles cocottes trop fardées, soudain lâchées par leur amant versatile et dispendieux, mais qui ne songent pas un instant à le lui reprocher parce qu'il entre dans tout cela, malgré les apparences, beaucoup d'amour.

Le beau geste, qui pourrait être breveté comme une invention française, et d'ailleurs Hollywood en a tiré un film qui porte ce nom, avec Gary Cooper dans le rôle principal, sorte de western oriental où les méharées menées dans les oasis par les légionnaires ont remplacé les cavalcades des Tuniques bleues contre les Indiens, c'est encore l'extravagante charge de la cavalerie française lors de la bataille d'Eylau. On le sait, ce choc titanesque, sans équivalent dans l'Histoire, improvisé en quelques minutes par Murat à la demande de Napoléon, vit les cuirassiers d'Hautpoul enfoncer les meilleures armées d'Europe dans un décor de fin du monde, percer les lignes ennemies au-delà du vraisemblable – c'est d'ailleurs le point de départ du *Colonel Chabert* –, mais il faut dire qu'ils étaient emportés par leur élan et le poids de leurs montures percheronnes, et inspira à Lepic, alors que ses grenadiers à cheval attendaient l'ordre de l'attaque sous les boulets russes qui les fauchaient par centaines, cette phrase, « Haut les têtes ! La mitraille, c'est pas de la merde ! », qui vaut largement, au panthéon de la bravoure et de l'intensité dramatique, la réponse de Cambronne aux Anglais de Wellington. Entrent également dans cette catégorie les batailles de Camerone pour la Légion étrangère, de Sidi-Brahim pour les Chasseurs, ou encore de Bazeilles pour les Marsouins et les Bigors, dont Alphonse de Neuville s'inspira pour peindre son célèbre tableau, *Les Dernières Cartouches,* qui fut comme une image pieuse pour la génération d'officiers qui s'enterra dans les tranchées pendant la Grande Guerre et tint, au milieu de ses hommes, pendant quatre années impitoyables, à l'image de la résistance héroïque mais inutile de Bazeilles, la veille de la capitulation de Napoléon III à Sedan.

Car cette attitude, qui tient autant de l'inclination à l'héroïsme que de la posture esthétique, c'est aussi, et trop souvent, dans la longue liturgie militaire, l'absolution des responsabilités du commandement et une forme de fascination malsaine, voire morbide, pour l'absurde. Ainsi des Saint-Cyriens qui montent au front en gants blancs, avec leurs casoars empanachés, la jugulaire sous le menton et les sabres au clair, à peine tirés de leurs fourreaux alors qu'ils tombent déjà, en chantant à pleins poumons, sous les balles et les éclats d'obus. « C'est bien plus beau quand c'est inutile ! » : combien de fois ai-je entendu de jeunes officiers reprendre à leur compte cette tirade de *Cyrano*, une tirade qui m'évoque l'agilité d'un joueur dribblant un adversaire au cours d'un match de football plutôt que la bravoure d'un soldat sur le champ de bataille.

Le beau geste, à mon sens, n'est pas qu'une émotion personnelle ou un mouvement collectif d'ordre esthétique : il peut y entrer aussi une part de philosophie, voire de métaphysique. C'est, par exemple, le comportement du capitaine de Boëldieu dans *La Grande Illusion,* lorsqu'il permet, par son sacrifice qui ressemble fort à un suicide, l'évasion de Maréchal et Rosenthal, ses camarades de captivité, coincé qu'il était entre sa parole d'officier donnée à son geôlier allemand de ne pas chercher à s'échapper, et son devoir de soldat qui consiste à s'évader dès que l'on est fait prisonnier. En une autre époque et, surtout, dans la réalité, à la fin du mois de juin 1962, le général de Larminat serait acculé à un dilemme tout aussi terrible, qui m'a longtemps tourmenté parce que je me suis demandé des années durant ce que j'aurais fait à sa place. Désigné par le général de Gaulle pour présider le tribunal militaire chargé de juger les membres de l'OAS, il avait choisi, lui aussi, de se brûler la cervelle pour sortir de l'étau infernal dans lequel il s'était retrouvé pris au piège. Refusant de désobéir au chef historique de la France libre, dont il avait été l'un des premiers et des plus fidèles compagnons, mais également de juger, au nom d'une conception de l'honneur que ne peuvent guère comprendre que les aristocrates et les voyous, ceux de ses pairs qui avaient basculé dans l'armée secrète des partisans de l'Algérie française, il avait décidé de résoudre ce problème insoluble en se supprimant.

Le syndrome d'Uranus

Il n'avait pas pris la précaution d'adopter un pseudonyme, à la différence de Philippe de Hauteclocque qui, en capitaine avisé, s'était choisi un nom de guerre typiquement picard – Leclerc, ce patronyme si répandu chez les hommes du nord de la France, ces hommes au teint clair avec le ciel au fond de leurs yeux, pour parler à la manière de Jacques Brel, et qui était aussi celui d'un général d'Empire promis à un destin radieux, hélas mort à trente ans de la fièvre jaune, allié à la famille Bonaparte par son mariage avec Pauline, la plus belle des sœurs de Napoléon, Pauline la scandaleuse qui se remarierait par la suite avec un prince Borghèse. Sans doute Grand-Père n'avait-il pas une pleine et entière conscience de l'ampleur du drame qui se jouait alors en France, où il n'avait pas remis les pieds depuis plusieurs années. Ce fut l'une des rares très grosses bêtises qu'il commit au cours de sa vie. Et, comme toujours dans ce type de circonstances, un tel oubli se paie très cher, et le plus souvent au comptant. Sous le régime de Vichy, la sanction frappant un officier d'active qui désertait pour aller combattre avec la France libre était la condamnation à mort par contumace – ce qui entraînait automatiquement la saisie de tous ses biens, plongeant par ricochet les siens dans le dénuement et la précarité. Par miracle, Grand-Père échappa à la condamnation à mort. Mais pas aux conséquences de son engagement armé.

Pendant qu'il guerroyait dans le désert, sous le soleil brûlant d'Afrique du Nord, la situation se détériorait en Picardie, où sa femme s'était installée avec leurs deux filles, Françoise, ma mère, et Bernadette, ma tante. Sa mère avait délégué à son fils aîné, prénommé Maurice, la direction des établissements et de l'usine Crépin-Petit, implantée depuis le XIXe siècle sur la commune de Bernaville, bourg d'un petit millier d'habitants, et dont le siège social se trouvait rue de Turbigo, à Paris. Ingénieur de formation, ancien élève de l'Ecole des mines, Oncle Maurice faisait tourner l'entreprise tant bien que mal, compte tenu des circonstances. Il fallait honorer chaque mois la paie des quelque deux cents ouvriers – ce qui s'avérait de plus en plus difficile, et je ne suis pas sûr que chacun d'entre eux ait reçu son salaire avec régularité pendant les quatre années que dura l'occupation allemande. Certes, la proximité de la campagne autorisait de nombreuses formes de troc permettant de contourner le système de tickets de rationnement mis en place par les autorités de Vichy, mais les ressources se raréfiaient. Et la famille Crépin n'allait pas tarder à se retrouver, comme tant d'autres, prise dans les tourmentes de l'Histoire.

Sur place, dans cette partie du département de la Somme comprise entre Amiens, Abbeville et Doullens, où le vent du nord souffle sur les champs de betteraves et s'engouffre dans les villages rouges comme les briques des maisons, il n'était un secret pour personne que Grand-Père combattait dans les rangs de la France libre et que son frère aîné, Oncle Maurice, âgé de trente-trois ans au début de la guerre, comptait parmi les dirigeants d'un réseau de résistance de tendance SFIO. Mais tout le monde se taisait. Pour autant, ma grand-mère ne se sentait pas en sécurité en Picardie. Des pressions et menaces de toutes sortes émanant des autorités de Vichy commençaient à s'exercer sur elle. Pour protéger ses deux filles, elle prit rapidement la décision de partir s'installer en zone libre. Après avoir erré sur les routes et réussi à franchir tant bien que mal la ligne de démarcation, ma grand-mère parvint en Gascogne avec ma mère et ma tante, qui étaient alors âgées de six et quatre ans. Elle trouva, semble-t-il, quelques mois de répit à Auch, où elle fut hébergée, comme d'autres réfugiés, dans des logements de caserne affectés aux familles d'officiers. Combien de temps resta-t-elle dans le pays gascon ? Je l'ignore. J'ai interrogé tous les membres de ma famille encore vivants et susceptibles de le savoir mais personne n'a été en mesure de me répondre avec précision, pas même ma mère. Pour vivre, elle percevait la délégation de solde de son mari, ce que faisaient également, au risque d'attirer l'attention sur elles, de nombreuses épouses de gradés de la France libre, à commencer par Thérèse de Hauteclocque, qui voyait, elle aussi, l'horizon s'assombrir en son château de Tailly, d'où l'on apercevait, lorsque l'on montait dans les greniers, le clocher de l'église de Bernaville.

Sur cette terre de la Somme si lourde qu'elle colle aux pieds plus de la moitié de l'année, où coexistent une culture rurale et une tradition ouvrière, où le catholicisme des notables n'a pu s'opposer à la profonde imprégnation des esprits par les idées communistes et socialistes, tout se déroula à peu près bien pour les autres membres de la famille Crépin jusqu'au tournant du 22 juin 1941, date de la rupture du pacte germano-soviétique. Du jour au lendemain, les communistes français entrèrent dans la résistance active, créant des réseaux parallèles à ceux que s'efforçaient de former et d'animer les gaullistes, les démocrates-chrétiens ou les socialistes. Entre toutes ces organisations qui entendaient chacune incarner la résistance à l'ennemi, la rivalité tourna parfois à l'affrontement.

Pendant ce temps, Oncle Maurice continuait à œuvrer dans l'ombre contre les occupants allemands. Il veillait, pour protéger sa femme, Tante Madeleine, et leurs quatre enfants, à maintenir à l'écart de ses activités secrètes la maison de famille, une grande et jolie bâtisse du XIXe siècle en briques et pierres, sorte de gentilhommière entourée de dépendances, où j'ai des souvenirs de parquets qui craquent, de feux de bois qui crépitent dans les cheminées et de déjeuners servis dans la grande salle à manger par un personnel qui faisait, comme c'était souvent le cas autrefois en province, partie intégrante de la famille. Il en allait tout autrement avec l'usine, qui avait fini par devenir une sorte de base arrière et de support logistique pour les besoins de son réseau. Les semaines et les mois passant, et l'issue de la guerre, longtemps incertaine, penchant désormais en faveur des Alliés, la Résistance prenait à la fois plus de risques et moins de précautions que dans les premiers temps.

Il advint que mon grand-oncle fut dénoncé à la Gestapo par des militants communistes. Dans l'atmosphère irrespirable de ces années-là, il était l'une des innombrables victimes du syndrome d'Uranus, si bien décrit par Marcel Aymé dans le roman qui porte ce titre, syndrome développé par une certaine France mesquine et perfide, pleine de corbeaux, de rapaces et d'oiseaux de malheur, que travaillaient au cœur et au corps l'envie, la jalousie, la convoitise, et qui voyait dans la collaboration l'occasion inespérée de régler des comptes à vil prix.

Un matin de 1944, on vit surgir dans la cour de l'usine Crépin-Petit une colonne de camions militaires d'où débarqua une escouade de soldats allemands. Ils avaient reçu l'ordre d'inspecter les lieux, expliqua un officier à mon arrière-grand-mère. Comment avaient-ils été informés que mon grand-oncle se servait du malaxeur comme d'une cache pour entreposer armes, munitions, postes à galène et autres matériels destinés à la Résistance ? Elle réussit à les chasser. Ils revinrent le lendemain. Entretemps, tout avait été évacué et transféré en d'autres lieux.

Quelques semaines plus tard, Oncle Maurice fut arrêté, dans la cour des établissements Crépin-Petit, avec sept ou huit jeunes employés et ouvriers, résistants pour la plupart. Ils furent emmenés avec une demi-douzaine d'autres Bernavillois à Ville-le-Marclet, puis enfermés dans les caves d'un château de la vallée de la Nièvre appartenant à la famille Saint-Frères. Il fut interrogé et torturé pendant deux jours, jusqu'à ce qu'il parvienne à faire valoir son statut d'officier de réserve, obtenant ainsi que son interrogatoire fût poursuivi par un capitaine. Les Allemands eurent beau l'accabler et l'offenser autant que possible devant le personnel de l'usine, lui écraser les doigts et lui broyer les phalanges, il ne parla pas. Mieux : comprenant leur langue, qu'il parlait couramment comme son frère, il réussit à égarer et à induire en erreur ses tortionnaires qui finirent par le relâcher avec ceux de ses employés, au nombre de quatre ou cinq, qui avaient survécu eux aussi à la torture. Les Bernavillois surent s'en souvenir : aussitôt la guerre finie, ils élurent Oncle Maurice à la tête de la mairie et lui renouvelèrent sans discontinuer leur confiance lors de chaque consultation électorale jusqu'en 1983, année où il se retira de la vie politique locale – soit un mandat ininterrompu de trente-neuf ans !

Un sacré calot

Sur toutes les photos de ces années-là, il porte un calot. Malheureusement, je n'ai jamais songé, lorsqu'il était encore vivant, à lui demander pourquoi et je me retrouve aujourd'hui avec une foule de questions auxquelles je ne puis répondre que par intuition, raisonnement ou déduction. Les clichés pris pendant les campagnes du Fezzan et de Tripolitaine le montrent en uniforme de fortune, pour ne pas dire de fantaisie, avec ces bermudas typiques des unités de la Coloniale, des godillots qui rebiquent, une paire de bas de laine retroussés à hauteur du genou, un gros ceinturon auquel est accroché l'étui de cuir qui retient son pistolet, sans oublier un couvre-chef aussi bricolé que celui du général Leclerc. Curieusement, les rares photos que je possède de lui pendant la campagne de Tunisie le représentent tête nue. Comme celles prises au Maroc, lors des préparatifs et de l'entraînement avant le débarquement en Normandie et la grande bagarre sur le sol de France. Avait-il perdu son calot ? C'était bien son genre. Grand-Père avait la réputation de se moquer comme d'une guigne de son apparence physique et vestimentaire – ce qui n'était, en réalité, que partiellement vrai. Ce qui est certain, en revanche, c'est qu'il incarnait à la perfection, avec Dio, Massu et deux ou trois autres officiers du même calibre, ces « clochards épiques de Leclerc » que décrivait André Malraux avec sa voix tremblante et son lyrisme échevelé. Le général de Langlade, qui se rallia à la France libre au cours de l'été 1943, apportant dans ses bagages le 12e Régiment de Chasseurs d'Afrique (12e RCA), fit la connaissance de Grand-Père à Témara, lors de l'amalgame donc, et brosse dans ses mémoires un portrait de lui haut en couleur, avec de nombreuses pointes d'ironie sarcastique. Mais il me semble, à la relecture, que l'estime pour le combattant qu'était mon grand-père affleure, malgré tout, entre les lignes de son récit. C'est, du moins, ce que je veux retenir du témoignage qui suit.

« Sur la côte entre Témara et Rabat, écrit Langlade, étaient stationnées l'artillerie et les FTA (Forces terrestres antiaériennes) sous la direction du lieutenant-colonel Crépin, commandant l'artillerie divisionnaire. C'était un idéal champ de manœuvres.

« Le colonel Crépin y vivait avec ses troupes d'artillerie, leur enseignait les méthodes de tir et les préparait au combat avec une ténacité qui n'avait d'égale que sa science consommée.

« Le lieutenant-colonel Crépin, qui fut colonel à trente-deux ans, commandait l'artillerie divisionnaire, remplissant donc un des postes les plus élevés et les plus importants d'une division blindée. Dans les succès de la 2e Division blindée, le rôle joué par l'artillerie fut prépondérant. C'est grâce à la remarquable qualité technique et tactique des commandants de batteries, grâce à leurs remarquables qualités manœuvrières, grâce à une connaissance parfaite de l'emploi de leur matériel qu'ils purent réaliser toujours dans les temps records des concentrations écrasantes dont la précision et le poids faisaient la terreur de l'ennemi.

« Les trois groupes d'artillerie de la Division devinrent rapidement des unités hors concours comme je n'ai pas souvenance d'en avoir connu au cours de nombreuses années. Le dévouement, l'intelligence, l'esprit critique et lumineux de leurs chefs et de leurs subordonnés essentiels – les commandants de batteries – ont sauvé maintes fois les Groupements tactiques de situations difficiles.

« Crépin était un grand gaillard, blond, aux yeux bleus et au visage glabre et rose. Il souriait peu, ne riait jamais, se moquait outrageusement de son extérieur et de son habillement comme de sa bottine flasque aux lacets perpétuellement en vadrouille. Il ne vivait que pour son art : l'Artillerie qui comptait seule au-dessus et hors de comparaison avec toute autre arme, comme sur le plan national, hormis les Français libres, il ne voyait ni rédemption, ni salut.

« Tout être humain de nationalité française n'ayant pas opté officiellement pour le général de Gaulle dès 1940 présentait à ses yeux une tare indélébile et néfaste, quelque chose comme les formes phalangiennes d'un cheval le rendent impropre à jamais, quelles que puissent être au demeurant ses autres qualités, au regard d'un véritable homme de cheval.

« C'était aussi un polytechnicien.

« La vérité oblige à dire qu'il excella dans son commandement comme il fut aussi, paraît-il, plus tard en Indochine, un négociateur et un diplomate dont l'habileté et le sens critique permirent au général Leclerc bien des succès dans ses relations si difficiles avec les armées chinoises. »

On mesure, dans cette description caustique, le monde qui sépare alors un cavalier d'un artilleur, un chasseur d'Afrique d'un Bigor, un officier sorti du rang d'un polytechnicien. Et, plus encore, un rallié de 1943 d'un gaulliste de la première heure. Même entre officiers issus d'un même milieu social, les différences d'appréciation de la situation, les divergences d'attitude et de comportement lors des moments cruciaux, sans même parler des désaccords politiques ou idéologiques, pouvaient virer très vite à la mésentente cordiale. Dans la troupe, c'était pire. La guerre qui sévissait entre gaullistes, giraudistes et pétainistes menaçait de lézarder tout l'édifice que s'efforçait de bâtir Leclerc, qui s'imposait chaque jour davantage comme le disciple préféré du général de Gaulle. Ainsi le 12e Régiment de Chasseurs d'Afrique du colonel de Langlade avait-il été surnommé le « Royal-Nazi » par les anciens de la Colonne Leclerc tandis que le 1er Régiment de Marche de Spahis marocains (1er RMSM), une unité qui n'avait jamais accepté l'armistice, était affublé du doux sobriquet de « Royal-Voyou » par ceux de l'armée d'Afrique. Pour les FFL de

1940, qui se voulaient les plus purs et se montraient les plus durs, il fallait mériter son brevet de gaullisme. Il est vrai qu'ils avaient tout risqué, et souvent bien plus que leur vie, et ils entendaient que ce fût reconnu.

Aux yeux de ces gaullistes des origines, dont faisait partie mon grand-père, perçus comme de perpétuels reproches, d'autant plus exaspérants qu'ils étaient vivants, par ceux qui avaient hésité ou atermoyé pendant plus de deux ans, la date limite de ralliement acceptable était le 11 novembre 1942, jour de l'invasion de la zone libre par la Wehrmacht. Au-delà de cette date, me disait souvent Grand-Père, il n'était plus possible de croire à la fiction d'une collaboration amicale entre la France et l'Allemagne. Des lois édictées par Vichy sur le statut des juifs, il n'était, en revanche, presque jamais question lorsqu'il suivait le fil de ses souvenirs. Non qu'il refusât d'en parler – son indignation à l'égard de la politique raciale des nazis était à la mesure de son engagement total derrière son idéal d'une France libre – mais, lorsque je l'interrogeais sur ce point, Grand-Père m'assurait toujours n'avoir découvert l'existence des camps de la mort que lors de l'arrivée de la 2e DB en Allemagne. Il n'ignorait certes pas que les juifs étaient quotidiennement persécutés en Europe mais, ajoutait-il aussitôt, il n'avait pas, en ce temps-là, connaissance de la politique d'extermination systématique mise en place par le Reich hitlérien. Je n'ai aucune raison de mettre en doute sa parole et je crois sincèrement, parce que j'ai évoqué le sujet avec nombre de ses anciens compagnons de combat, que les soldats de Leclerc ignoraient, en 1943, ce qui se tramait alors en Europe.

En revanche, ils furent bouleversés par ce qu'ils découvrirent lorsqu'ils parvinrent au camp de Dachau, quelques heures après les troupes US. Plusieurs d'entre eux, toutes jeunes recrues fraîches émoulues qui s'étaient engagées dans la 2e DB au fur et à mesure de la progression de celle-ci sur le sol français, y perdirent l'espèce d'innocence joyeuse qu'ils éprouvaient à combattre avec l'intrépidité de leur jeunesse. « C'était tellement épouvantable, tellement révoltant, que les Américains eux-mêmes, d'ordinaire impavides et paisibles face à ce qu'ils appellent les "querelles d'Européens", en découvrant le gigantesque charnier, ont désarmé les gardes qu'ils ont cloués aux baraques avec leur propre baïonnette », raconta le capitaine Fonde. « Nous ne pensions pas, nous ne pouvions pas imaginer qu'une telle chose fût possible », dira de son côté Langlade, qui était alors colonel. Quant à Grand-Père, il me dit, un soir où nous évoquions ce sujet : « Depuis que nous étions arrivés en France, nous ne faisions pas de quartier. Les hommes de Rommel se battaient à la régulière. Ce n'était pas le cas des unités que nous avons combattues en France et en Allemagne. Nous fûmes terriblement choqués et profondément indignés par ce que nous vîmes alors. Nous étions si en colère que, pendant les quelques jours qui suivirent la découverte de Dachau, nous ne fîmes pas de prisonniers. » C'est dans ce contexte que s'inscrit l'affaire controversée des douze Waffen-SS français fusillés sans autre forme de procès par un peloton d'exécution de la 2e DB, constitué d'éléments du RMT (Régiment de Marche du Tchad) du colonel Dio.

Quel que fût le courage, les talents, la force de l'engagement et l'heure du ralliement de tous ces soldats volontaires, les querelles et discordes de nature idéologique freinaient néanmoins, en cet été 1943, l'édification à marches forcées de cette Division qui allait devenir, au cours de l'été 1944, un formidable instrument politique aux mains du général de Gaulle. En dépit de tous ces obstacles, le général Leclerc s'employait avec une totale abnégation à créer une forme d'osmose entre des personnalités aux histoires et aux itinéraires si différents. « Voyez-vous, Crépin, dit-il à Grand-Père un jour d'automne 1943, alors qu'ils se trouvaient encore au Maroc, même si nous remportions de grandes victoires, la création de la Division serait un échec si nous ne parvenions pas à réaliser la fusion. » Le général Leclerc considérait la formation de la 2e DB comme un test de la capacité des Français à enterrer leurs discordes et à mettre un terme à la guerre civile qui ravageait le pays. Il nourrissait l'ambition que la DB rassemble toutes les tendances, hormis celle de la trahison, et qu'elle soit ainsi à l'image de la France dont il rêvait. Aussi étrange que cela puisse paraître, compte tenu de ses origines familiales traditionnelles et de sa formation classique d'officier de cavalerie, ce Balzac de l'arme blindée avait un don inné pour malaxer la pâte humaine et la modeler en obtenant le meilleur de ce matériau complexe entre tous. Il possédait également cette rare faculté, faite de tolérance d'esprit autant que de compréhension de la psychologie des êtres, pour saisir, tel un Mallarmé des relations humaines, l'infinie poésie des caractères. C'est l'une des facettes les moins connues de son incontestable talent de meneur d'hommes.

Pendant la campagne de France, Grand-Père apparaît sur les photos en uniforme réglementaire, l'accoutrement fantaisiste de la guerre dans le désert n'étant plus de mise dès lors que la Division avait été équipée de matériel américain flambant neuf et, surtout, qu'on se battait désormais devant les siens, sur la terre natale. Mais il arbore toujours son fameux calot, même au cours de l'hiver 1944, alors que ses homologues et ses subordonnés portent le képi qui distingue l'officier de l'homme de troupe. Les clichés de la victoire, pris à Berchtesgaden, dans ce Berghof qui avait été surnommé «le nid d'aigle de Hitler», le montrent encore avec son calot. Ce n'est qu'en partant pour l'Indochine, toujours avec Leclerc, qu'il renonça à porter ce bout de feutre qui l'accompagna plus de quatre ans durant. Fallait-il y voir une coquetterie de sa part? Etait-ce une forme de superstition? Je crois sincèrement que non, car tout cela n'était vraiment pas son genre, comme disait Marcel Proust d'un amour déchu.

N'était-ce pas plutôt la manifestation d'un esprit de corps, le désir de bien marquer son appartenance aux Bigors, et en particulier à sa troupe, sa très chère troupe, ce magnifique 3e RAC (3e Régiment d'Artillerie coloniale) dont il avait fait une implacable machine de guerre, qui causa tant de dégâts à l'Afrika Korps de

Rommel, à ces divisions blindées de Panzers qu'il mit à feu et à sang dans les forêts d'Ecouves et de Perseigne, comme à cette orgueilleuse Wehrmacht qui croyait, lors de la bataille de Strasbourg, pouvoir empêcher les petits gars de Leclerc de tenir le serment de Koufra ? Oui, décidément, ce 3e RAC était bien son régiment, celui qu'il avait formé, façonné et commandé avant de prendre en main l'artillerie divisionnaire, ce régiment qui reçut la fourragère aux couleurs de la croix de guerre 1939-1945, ce régiment dont il était si fier et dont la conduite au feu fut si valeureuse et irréprochable que le général de Gaulle lui octroya également à la fin de la guerre, comme il l'avait décernée à son chef de corps quelques années plus tôt, la croix des Compagnons de la Libération, honneur insigne puisque seules neuf unités de l'armée de terre reçurent cette suprême distinction.

Au Jockey comme au cercle de l'Union interalliée, au Travellers comme au Polo de Paris, il est vivement recommandé de porter la cravate aux couleurs de son club. C'est un signe d'appartenance, aussi puissant que la fourragère d'un régiment ou la pucelle d'un bataillon, cet insigne métallique que l'on porte sur la poitrine et qui exprime de manière stylisée l'histoire et l'identité de votre unité. Je compris mieux l'importance du couvre-chef dans l'organisation et la vie militaires lorsque je devins Chasseur alpin, puis Casque bleu au Liban. Aussi baroque et disgracieuse que pouvait paraître la tarte des Alpins, elle faisait partie intégrante de l'esprit et de la personnalité de ce corps d'élite, et se révélait, au fond, bien plus confortable à porter qu'un béret lorsqu'une prise d'armes se déroulait pendant une tempête de neige parce qu'elle protégeait alors les oreilles du froid et du vent. Quant au béret bleu, si vilain par sa forme et si tape-à-l'œil par sa couleur, il convenait de le laver très souvent pour le faire déteindre et rétrécir, puis de le chausser d'une certaine manière, qui était la signature des bons soldats. Le porter était un motif de fierté, comme de défiler, les décorations pendantes, dans nos treillis retaillés, chaussés de rangers brillant comme des miroirs, le Famas luisant parce qu'il venait d'être badigeonné d'huile. Mon grand-père me disait souvent que les troupes étaient comme les femmes, qu'il y avait les coquettes et les autres, et qu'il fallait savoir leur parler, aux unes comme aux autres. J'ai pu, à maintes reprises, constater la finesse et la justesse de cette observation. Pensait-il à la 1re Armée de De Lattre, par opposition à la 2e DB de Leclerc, en disant cela ? On a toujours opposé les deux hommes et leurs deux styles de commandement. Il est certain que les fastes et l'esthétique que déployait avec un indéniable talent le maréchal de Lattre étaient à l'opposé de la recherche d'épure et de simplicité du général Leclerc.

Sainte Barbe et sainte Fleur

Au début de l'année 2003, j'acquis une maison en Normandie. C'était une belle bâtisse en pierre de Caen, d'époque Régence, d'une symétrie presque parfaite, avec des murs profonds et de hautes fenêtres légèrement cintrées, un salon en lanterne, un large escalier en bois à balustres Louis XIII et, dans la plupart des pièces, une cheminée de pierre ou de marbre, aux jambes galbées et aux linteaux mouvementés sur lesquels avaient été sculptés des motifs floraux. Flanqué d'un miroir d'eau tombé dans l'abandon, ce logis était entouré d'herbages et de bois. Des dépendances en pierres et colombages complétaient cette propriété dont l'allure générale restait plus rurale que citadine. L'ensemble s'élevait dans un site naturel d'une grande ampleur, au pied des derniers contreforts du pays d'Auge. Deux collines encadraient en effet de part et d'autre la maison, d'où l'on pouvait voir, par certaines nuits claires, clignoter les pales des éoliennes de la ville de Falaise, située à une vingtaine de kilomètres de là. Cette propriété avait pour nom La Brairie et se trouvait sur la commune de Coudehard, dans le département de l'Orne.

Au cours de l'été qui suivit, la canicule s'installa partout en France. Avec ma femme nous entendions, depuis les hangars de tôle de nos voisins, les beuglements de douleur des vaches qui avaient été retirées des herbages parce que l'herbe n'y poussait plus. Cette année-là, les ventes d'herbe et le prix de la tonne de foin attinrent des sommets. Un matin, alors que nous ouvrions les volets de l'étage, nous vîmes clairement apparaître les vestiges d'un jardin à la française dans la partie de l'ancien parc nommée le clos Sainte-Barbe. Ce fut le début d'une longue enquête qui me mena, comme souvent, sur les pas de mon grand-père.

Après avoir effectué les relevés cadastraux qui s'imposaient, je commençai à m'intéresser de près à sainte Barbe, dont le nom ne m'était pas inconnu. Je savais que mon père avait fait ses études chez les Jésuites, au collège Sainte-Barbe de Gand, en Belgique. Je me souvenais aussi, mais très confusément, que mon grand-père parlait souvent de cette sainte dont le nom a malheureusement disparu du calendrier. J'interrogeai ma mère. Grand-Père n'avait-il pas été élève au collège Sainte-Barbe de Paris ? J'en étais presque sûr, me souvenant l'avoir souvent entendu évoquer la fête de Sainte-Barbe, les défilés de potaches ce jour-là dans les rues du Quartier latin, et plus particulièrement autour du Panthéon et de la montagne Sainte-Geneviève. Ma mère m'assura que non. Après un début de scolarité dans la ville d'Amiens, son père avait poursuivi ses études au lycée Saint-Louis de Paris. C'est là, m'assurait-elle, qu'il avait préparé l'X. Je devais donc me tromper. Il est certain, en revanche, que Barbe était la sainte patronne de l'Ecole polytechnique.

Je me passionnai vite pour la vie de sainte Barbe. J'appréciais en particulier ses représentations en chêne, en noyer ou en pierre calcaire dans la statuaire de la Haute Epoque. J'aimais aussi la légende de cette jeune fille qui était toujours représentée avec une palme parce qu'elle avait vécu le martyre. Le récit de sa vie varie et connaît plusieurs versions, mais les historiens du christianisme s'accordent sur un certain nombre de points. Fille d'un riche marchand païen vivant au IIIe siècle en Bithynie, l'actuelle Anatolie, elle refusa l'époux que lui destinait son père parce qu'elle voulait consacrer son existence au Christ. Pour la punir, son père l'enferma dans une tour à deux fenêtres. Au retour d'un de ses voyages, elle lui apprit qu'elle s'était convertie pendant son absence, raison pour laquelle elle avait fait ouvrir une troisième baie dans la tour afin de symboliser la sainte Trinité. Ivre de rage, son père la décapita sur-le-champ. Au même instant, il fut frappé par la foudre. Depuis, catholiques et orthodoxes considèrent que sainte Barbe protège du feu et de la foudre.

Au Moyen Age, une époque où les hommes redoutaient plus que tout, dans les campagnes et davantage encore dans les villes, les incendies qui se propageaient sans rencontrer de résistance dans les maisons à pans de bois et toits de chaume, Barbe était une sainte populaire et vénérée. Les Flandres, la Bretagne et la Normandie lui ont voué un véritable culte, à l'image de ces vers d'un poème qui y était encore récité au milieu du siècle dernier : « Sainte Barbe et sainte Fleur / La couronne de notre Seigneur / Quand le tonnerre grondera / Sainte Barbe nous protégera ! » Par la suite, Barbe est devenue la sainte patronne des pompiers, des artificiers et des artilleurs.

Il ne m'avait pas échappé qu'une sculpture de pierre la représentant était exposée dans l'église du hameau voisin de ma maison. Cette statue était contemporaine de l'époque de construction de La Brairie, qui avait été bâtie au XVIIe siècle pour la famille du Bosc. Les du Bosc, dont le premier ancêtre connu avait combattu aux côtés de Guillaume le Conquérant lors de la bataille d'Hastings, étaient aussi sieurs de Sainte-Barbe. Tout s'éclairait soudain. Comme certains habitants de longue date du hameau me l'avaient raconté, la chapelle de La Brairie avait été détruite lors de la Révolution française, et la statue de sainte Barbe sauvée par quelques villageois qui l'avaient cachée dans l'église communale. Je n'eus dès lors qu'une idée en tête : retrouver une statue de sainte Barbe et l'y placer à La Brairie, dans une niche prévue à cet effet. L'un des propriétaires qui m'avaient précédé à La Brairie, ancien de la 2e DB, et il y a parfois des signes aussi puissants et impénétrables que celui-ci, finit par m'en offrir une, hélas d'une piètre qualité artistique, et pas seulement parce qu'elle était peinturlurée comme un de ces chromos du XIXe siècle aux couleurs pétaradantes et criardes. On la voyait, le visage ceint d'une couronne, la palme des martyrs dans une main, une bible surmontée d'un ciboire dans l'autre, avec une tour percée de trois ouvertures à ses pieds, ainsi que des boulets de canon et une ancre de marine, qui sont les attributs des artilleurs de la Coloniale, comme l'illustre ce cri de guerre : « Et par sainte Barbe, vive la bombarde ! Et au nom de Dieu, vive la Coloniale ! »

J'appris un peu plus tard que La Brairie s'était retrouvée au cœur de la fournaise au cours du mois d'août 1944. Alors que les Alliés piétinaient depuis deux mois dans le bocage normand, dont il fallait déloger l'occupant allemand qui, profitant d'un réseau puissant et complexe de haies vives, opaques et quasiment impénétrables en été, se cachait derrière chaque fourré ou presque, le maréchal Montgomery et le général Bradley imaginèrent un plan visant à reprendre l'initiative. Ce plan consistait à encercler les deux armées allemandes qui étaient accourues pour contenir l'offensive des troupes alliées sur les plages de Normandie. Des centaines de milliers de soldats allemands, dont plusieurs unités de SS, qui avaient échoué lors de leur tentative de contre-attaque à Mortain, se trouvaient en effet dans la poche de Falaise-Chambois, répartis en une trentaine de divisions, dont dix blindées, et pouvant s'appuyer sur une centaine de canons et quelque deux cent cinquante chars. Dans l'esprit des concepteurs de ce plan, il suffisait de refermer la nasse pour prendre au piège les armées du maréchal von Kluge et accélérer ainsi le dénouement de la bataille de Normandie.

Mais un certain nombre de malentendus et d'incompréhensions au sein de l'état-major allié vinrent perturber ce beau scénario, provoquant de graves conséquences. La poche ne fut pas verrouillée dans le temps prévu, laissant ouvert pendant plusieurs jours un couloir de quelques kilomètres de large, entre les communes de Coudehard et Montormel. La Brairie se trouvait au milieu de ce passage, dans lequel s'engouffrèrent les divisions d'élite de la Wehrmacht, parachutistes notamment, mais aussi SS, qui avaient compris et anticipé la manœuvre des Alliés. Un général allemand, Eugen Meindl, parachutiste, vétéran de la Première Guerre mondiale et véritable héros dans son pays, parvint à organiser, depuis son QG qu'il avait établi à La Brairie, l'exfiltration d'une centaine de milliers de ces soldats que les Alliés retrouveraient par la suite sur leur chemin lors de la bataille des Ardennes, et qu'il eut mieux valu anéantir ou faire prisonniers en Normandie. Des combats acharnés, dont l'enjeu était un verrou de quelques kilomètres carrés de bois et d'herbages permettant de clore hermétiquement la poche de Falaise, se déroulèrent pendant trois jours, du 17 au 21 août, dans la région de Chambois, opposant aux Allemands les Canadiens et les Polonais au nord, et les Français de la Division Leclerc au sud. Les combats les plus farouches, parce qu'ils se livraient au corps à corps, à la grenade et à la baïonnette, à l'image de ceux qui allaient se produire dix ans plus tard dans une autre cuvette, celle de Diên Biên Phu, eurent lieu sur les collines de Coudehard et de Montormel, et jusque dans le parc de La Brairie.

Le bilan de toute cette opération fut terrible. Des milliers d'hommes périrent pendant ces trois jours. La bataille avait viré au carnage. La plupart des maisons de la région étaient en flammes ou détruites. Les véhicules, armes, engins et cadavres d'hommes et d'animaux jonchaient par milliers les routes et les herbages, et il fallut des semaines pour les évacuer. Survolant quelques jours plus tard le champ de bataille au milieu d'une nuée de mouches, le général Eisenhower, chef suprême des armées alliées, déclara simplement : « C'est une des plus grandes tueries de la guerre. » La paix revenue, les quelques milliers d'hectares situés sur les communes de Chambois, Saint-Lambert, Trun, Tournai-sur-Dive, Coudehard et Montormel, qui forment un site naturel à la fois grandiose et bucolique, ont été officiellement dénommés par les autorités le « couloir de la Mort », tandis que les historiens qualifient de « Stalingrad normand » la bataille de la poche de Falaise. La Brairie avait été miraculeusement épargnée, comme protégée par sainte Barbe. Tout comme mon grand-père, qui se battait à cinq kilomètres de là, ayant disposé ses batteries autour du Bourg-Saint-Léonard, d'où il déversait à tir tendu des tonnes d'obus sur les troupes allemandes qui se précipitaient en entonnoir vers le village de Chambois en espérant s'échapper de la nasse, et qui préféraient finalement battre en retraite et repartir vers l'enfer, harassées, malmenées, accablées.

Oui, sainte Barbe protégeait du feu. J'en avais désormais l'intime conviction. Comment expliquer autrement que Grand-Père fût sorti indemne des vingt années de guerre qu'il enchaîna sans répit ? Certes, il avait été blessé à plusieurs reprises. Mais, d'un point de vue statistique, il était hautement improbable qu'il pût traverser ainsi sans encombre tant de déluges de feu et d'acier.

Il y a quelques années, j'ai revendu La Brairie. Mais j'ai conservé précieusement la statue de sainte Barbe. Elle ne m'a pas quitté depuis. Je veux croire qu'elle veillera sur les miens comme elle a protégé mon grand-père.

L'ultime argument

Dans le terme artillerie, il y a le mot art, d'ailleurs placé dès le premier pied, comme si, dans le défilé des différentes armes, celle-ci était appelée à ouvrir la marche au nom d'une hiérarchie secrète mais bien réelle. Ce n'est pas un hasard. Les mots ont un sens, qui s'accroît parfois de la force du symbole. Si l'infanterie est la reine des batailles, comme on l'a souvent dit, l'artillerie en est l'impératrice. Ce que Napoléon, qui était artilleur de formation, traduisait ainsi, avec son génie de la concision : « Le feu est tout, le reste est peu de chose. » C'est en effet l'artillerie qui prépare les victoires. Elle peut, à elle seule, renverser le cours d'une bataille mal engagée – on l'a si souvent vu sous le Premier Empire, lors de ces affrontements longtemps indécis qui paraissent aujourd'hui statiques car l'on préfère, plutôt que d'y réfléchir sans préjugés ni prévention, se plonger dans les ouvrages de stratégie militaire pour se les faire expliquer sans les comprendre, alors qu'ils n'étaient, en réalité, que rebondissements, imprévus, intuitions, oublis, erreurs et repentirs, sans cesse et sans cesse corrigés, parfois mal d'ailleurs, comme le serait un tableau ou une vue d'ensemble en perpétuel mouvement, une grande scène pleine d'intentions subtiles et magnifiques qui échappe à son créateur parce que, en l'occurrence, celui-ci ne se mesure pas avec une nature morte appelée à finir dans un cadre en bois doré, mais qu'il se retrouve en charge de milliers d'âmes, ce qui le dépasse évidemment, ou alors il faut être un génie – conférer l'œuvre de Balzac, voire un roman tel que *Guerre et Paix* de Tolstoï – pour rester maître de cet immense désordre, qui est le principe même de la vie, la vraie vie. Bref. Le cas échéant, l'artillerie peut dénouer certaines situations confuses ou inextricables. Il est même arrivé au cours de l'Histoire qu'elle tienne tête seule face à l'ennemi, comme ce fut le cas lors de la bataille de Friedland, un chef-d'œuvre à élever au niveau d'Austerlitz par sa pureté de conception et sa maîtrise dans l'exécution, quand les batteries emmenées par les artilleurs du général de Sénarmont s'avancèrent, malgré des tirs nourris qui provoquèrent de très lourdes pertes dans leurs rangs, à cent mètres seulement des lignes russes, dont elles décimèrent les carrés d'infanterie par des tirs à bout portant, avant de repousser par sa puissance et sa rapidité de feu une charge désespérée de la cavalerie du tsar. Dans toutes les hypothèses, l'artillerie joue un rôle primordial lorsqu'elle est bien combinée avec l'emploi de la cavalerie et de l'infanterie. Cette spécialité française est devenue l'arme décisive aux XIXe et XXe siècles.

Sous Louis XIV, on voyait en elle le dernier argument des rois (« Ultima ratio regum »). Après la mort du Roi-Soleil, lorsque Gabriel entreprend, à la demande de Louis XV, la construction de l'Ecole militaire, les deux pavillons destinés à encadrer le palais sont explicitement affectés à l'enseignement de l'artillerie et de la cavalerie, les deux armes qui ont longtemps fondé l'excellence française dans l'art de la guerre, comme en témoigne encore aujourd'hui la somptueuse façade qui ouvre sur la grande perspective des jardins du Champ-de-Mars. L'artillerie est l'arme savante entre toutes. La bravoure ne suffit pas pour s'y distinguer, il y faut une once d'inspiration ou de génie en plus, un petit supplément d'âme, comme l'a si bien dit Henri Bergson, non pas à propos de l'artillerie, mais en considérant les prémices de notre époque, lorsqu'il observe, ce qui n'est plus contestable aujourd'hui, que la croyance en la mécanique exige une mystique.

C'est grâce à l'apport technique déterminant de Gribeauval, et surtout grâce à Bonaparte, qui bouleverse la conduite de la guerre dans ses deux dimensions stratégique et tactique, mais aussi par son impact symbolique servi par un art indéniable de la communication, que l'artillerie française s'installe pour un très long siècle au premier rang devant les autres nations militaires d'Europe, c'est-à-dire au premier rang du monde. Evacuons tout de suite la perspective romanesque, qui n'a jamais fait gagner une bataille – mais qui éveille des vocations. Je me souviens ainsi de cette anecdote concernant Junot, qui se déroula lors du siège de Toulon, au cours duquel le jeune général Bonaparte s'illustra en tant qu'artilleur et apparut pour la première fois en pleine lumière aux yeux de ses contemporains. Surnommé alors sergent La Tempête, Junot servait dans un régiment de grenadiers. Un jour où il finissait son repas sous une tente avec une douzaine de sous-officiers de son acabit, un boulet anglais traversa la toile de leur abri dérisoire et vint à rouler sous la lourde table de bois qui servait à leur banquet. Aussitôt, tous ses homologues se jetèrent en arrière, redoutant l'explosion mortelle du projectile. Junot resta seul attablé. Mieux : il se leva lentement, renversant sa chaise en arrière et – était-il ivre ou inconscient ? sans doute les deux à la fois – leva son verre avec des airs de cérémonie en s'exclamant : « Je bois à la santé des braves qui vont mourir ! » Le boulet n'explosa pas. Dès le lendemain, Bonaparte, à qui quelqu'un avait conté l'histoire, convoqua Junot pour voir qui était ce sergent dont ses soldats faisaient si grand cas. Il le vit, jugea dans l'instant qu'il fallait le garder auprès de lui, et en fit plus tard le duc d'Abrantès. Il le nomma également colonel général des hussards, ce qui, d'un point de vue du courage et du prestige militaires, valait largement la distinction de maréchal, mais, craignant la folle témérité de l'ancien sergent, Napoléon ne put se résoudre à l'élever au même rang que Davout, Lannes, Murat ou Soult. Comment, selon les critères de l'époque, ne pas s'attacher à un artilleur qui voyait si juste et si loin ? La légende du Petit Caporal est née de récits de ce type, et elle en regorge au point que, aujourd'hui encore, elle continue de faire naître des destins de soldats.

Mais c'est surtout par l'utilisation que Napoléon fit sur le terrain de l'artillerie, toujours combinée avec un emploi très novateur de la cavalerie et de l'infanterie, que celle-ci devint son meilleur atout, plongeant l'Europe dans la stupeur et l'effroi devant ces canons et ces bouches à feu sans cesse plus nombreux sur les champs de bataille. Des dizaines d'ouvrages ont été écrits sur le sujet. On sait moins combien la formation d'artilleur que reçut le Corse influença en tous points ses conceptions sur l'art et la conduite de la guerre. L'usage et le maniement très spécifiques de l'artillerie de campagne, de celles de côte, de place ou de siège par Bonaparte, mais aussi sa compréhension lumineuse et clairvoyante des apports possibles de la cartographie, de la topographie et de la logistique, si typiques de la manière de procéder d'un artilleur quand il se trouve dans l'obligation de baliser le terrain, et jusqu'à l'organisation de son infanterie lorsque celle-ci monte à l'assaut, avec des formations en colonnes présentant moins de prise aux tirs de boulets adverses, plutôt qu'en lignes, comme cela se pratiquait partout ailleurs à l'époque, tout cela était issu de sa réflexion sur la nécessité de posséder une puissance de feu à la fois mobile et supérieure à celle de l'ennemi. On pourrait multiplier à l'envi les exemples de ce type. Depuis le Premier Empire, l'artillerie s'est installée dans le cœur nucléaire de l'armée française. De ce fait, elle n'est jamais loin du secret d'Etat, comme l'a montré l'affaire Dreyfus, où les travaux préparatoires à la construction du fameux canon de 75 se trouvent au centre de toute l'intrigue et sont à l'origine des bordereaux d'Esterhazy.

Faut-il voir dans tous ces éléments la raison pour laquelle mon grand-père avait choisi l'artillerie plutôt que l'infanterie, la cavalerie ou même, pourquoi pas, l'armée de l'air, puisqu'il possédait certainement les qualités et les compétences pour devenir pilote ? Il y avait, en premier lieu, un déterminant de poids qui tenait à sa formation de polytechnicien. De 1804, année de la création de l'Ecole polytechnique par Napoléon, jusqu'à la Seconde Guerre mondiale, il est avéré, les statistiques le démontrent amplement, que les élèves qui sortaient de l'X choisissaient la plupart du temps de servir dans l'artillerie quand les Saint-Cyriens optaient plutôt pour la cavalerie ou l'infanterie, deux armes où le commandement des hommes exige des qualités et des vertus d'autorité et de courage, mais sans la technicité requise pour l'artillerie.

Pour expliquer sa décision, il y avait également sa profonde appétence pour la difficulté, un des traits de caractère les plus affirmés de mon grand-père, qui venait sans doute de son goût à résoudre les problèmes et les équations les plus complexes. Dans un autre ordre d'idées, mais qui revient à cette interrogation initiale concernant son choix de l'artillerie, je me souviens qu'il me dit un jour avoir envisagé de mener une carrière dans l'architecture, parce qu'il avait la passion de l'équilibre et de la simplicité de l'art roman, des clés de voûte et des arcs plein cintre, des charpentes à la Philibert

Delorme, c'est-à-dire en forme de carène de vaisseau renversée, mais que le pressentiment de la montée des dangers l'en avait dissuadé, raison pour laquelle il avait finalement, comme tant d'autres camarades de sa promotion et de celles qui allaient suivre, opté pour l'armée. Et, après tout, me suis-je souvent dit par la suite, la parfaite trajectoire dans l'espace que suit un projectile, obus ou missile, lorsqu'il tape en plein dans le mille, n'est-elle pas, au fond, une abstraction dont la beauté est semblable à la courbe idéale d'une voûte en ogive ?

Je me souviens encore, avec une parfaite précision, qu'il me raconta un autre jour ce qu'il appelait le tir le plus difficile de sa carrière d'artilleur. Cela se passait en avril 1943, pendant la campagne de Tunisie, lors des combats qui se déroulèrent autour du Djebel Fadhloun. Les hommes de Roumiantzoff, alors chef d'escadron au 1er RMSM (1er Régiment de Marche de Spahis marocains), officier issu d'une vieille famille de l'aristocratie russe, dont le père, général de cavalerie dans l'armée du tsar, était mort au combat devant Odessa, un sacré risque-tout plus brave que les braves, qui avait reçu des mains du général de Gaulle la croix des Compagnons de la Libération le même jour et en mêmes lieu et heure que Grand-Père, lors d'une prise d'armes qui se déroula dans le désert, sous les yeux émus de Leclerc, qui était pourtant un dur à cuire, les hommes de Roumiantzoff, donc, s'étaient engagés, avec l'audace parfois imprudente qui caractérisait leur chef, dans un thalweg qui menait vers la petite ville de Djebibina. Grand-Père était posté sur le versant nord de ce djebel avec quelques batteries de son 3e RAC (3e Régiment d'Artillerie coloniale) en couverture sur la ligne de crête. Très vite, le groupement de Roumiantzoff se trouva au contact avec des automitrailleuses et des chars allemands bien plus puissants et en nombre supérieur. Dans une posture critique, le « Roum », comme on le surnommait affectueusement dans la 2e DB, demande par radio son aide à l'artillerie. En quelques instants, Grand-Père saisit, avec l'aide d'une paire de jumelles, la complexité de la situation : Roumiantzoff s'est avancé trop loin, ses blindés sont stoppés par la résistance des chars de Rommel qui l'ont encerclé, la distance de tir et d'observation est de onze kilomètres et, à cette portée, il est très difficile de distinguer les amis des ennemis. Grand-Père y parvint cependant et obligea, par ses coups d'une précision terrible, les blindés allemands à reculer, puis à évacuer leurs positions. Lorsque je lui demandai quelle fut l'issue de cet épisode dont il conservait à l'évidence une fierté secrète et légitime, il me répondit, avec un sourire mêlé de fatalisme et de bienveillance dans lequel entrait un profond respect d'autrui, jusque dans l'acceptation des tempéraments les plus déroutants, pour ne pas dire incommodes : « Conscient que je leur avais sauvé la vie, à ses hommes et lui, le "Roum", qui était un très beau guerrier, mais de caractère souvent difficile, m'eut à la bonne jusqu'à la fin de la guerre ! » Fin de citation. Et il se replongea en lui-même, dans ses souvenirs dont nous étions tous exclus, et pourtant moi un peu moins que les autres, puisque j'étais le seul garçon de cette famille au fonctionnement patriarcal – ces souvenirs qui me donnaient alors l'impression de former comme une cohorte grecque ou romaine mystérieusement ressurgie des tréfonds de l'Antiquité, avançant dans un fracas d'épopée, avec sa geste pleine de glaives, d'étendards et d'oriflammes, de sons de trompes et de clairons, d'héroïsme dans la gloire de l'aube et de combats au soleil de midi, sous le ciel immense, le ciel immobile, le ciel immuable du désert d'Afrique.

C'est au cours de ces années de guerre dans les sables, dans le dénuement absolu qui favorise l'esprit d'initiative ainsi que l'inventivité la plus impétueuse, et dans la liberté presque sans limites conférée par l'absence de moyens matériels et de ces contrôles tatillons dont l'armée abuse tant qu'ils brident l'imagination, que s'affirmèrent les conceptions peu orthodoxes, voire iconoclastes, de mon grand-père en matière d'artillerie. Il avait très vite compris la nécessité pour celle-ci de s'affranchir de l'enseignement officiel alors en vigueur dans l'armée française, trop souvent appliqué à la lettre par des officiers pour qui l'observation scrupuleuse du règlement était un objectif autant qu'un moyen. Pour illustrer son propos, il me répétait souvent que le manuel d'instruction sur le tir de 1921 était, par sa sobriété, sa clarté et sa simplicité, infiniment mieux adapté aux conditions de la guerre en 1944 que celui de 1932, qui prônait une conception statique et lourde de l'utilisation de l'artillerie, revenant au fond à préparer ou appuyer les combats de l'infanterie, comme on le faisait quinze ans plus tôt pendant les batailles de tranchées de

14-18. Là encore, la France était en retard d'une guerre. Cette doctrine figée de l'emploi de l'artillerie se révélait évidemment peu compatible avec la multiplication des combats mouvants et des engagements rapides si typiques de la guerre moderne, à plus forte raison dans le cadre d'une division de cavalerie blindée qui se devait de privilégier la vitesse, le mouvement et la manœuvre, avec pour conséquence le redéploiement incessant de sa puissance de feu à travers un dispositif de canons en perpétuelle adaptation aux circonstances. Le général de Gaulle l'avait compris avant les autres, tout comme le général Guderian, concepteur de cette arme blindée allemande qui, en appliquant à la lettre la doctrine du Blitzkrieg, mit l'Europe à genoux en quelques semaines.

Dans *Les Sept Piliers de la sagesse,* T. E. Lawrence écrit quelque part que les penseurs, les prophètes et les ermites ne se réfugient pas dans le désert pour y trouver Dieu, mais pour y entendre plus distinctement dans la solitude le verbe vivant qu'ils y apportent avec eux. Je suis convaincu de la vérité de cette observation. Dans le cas de Leclerc, comme dans celui de mon grand-père, j'ai acquis la conviction que c'est dans le silence et la solitude du désert qu'ils ont eu, l'un et l'autre, l'intuition du nouveau rôle que devait jouer, dans une guerre dite moderne, une division de cavalerie blindée avec sa composante d'artillerie. L'un et l'autre ont eu tout loisir de mûrir leurs réflexions, de les tester et de les mettre en pratique contre les Italiens, puis contre l'Afrika Korps de Rommel. Ainsi les campagnes du Tchad, du Fezzan, de Tripolitaine et de Tunisie prennent-elles, avec le recul, l'allure d'une répétition générale, étalée sur plusieurs années, avant la grande pièce qui allait se jouer en quelques mois sur le théâtre d'opérations européen. L'artillerie de la 2e DB se trouva, pendant les campagnes de France et d'Allemagne, constamment en première ligne, accompagnant les éléments de tête des trois groupements tactiques de blindés. Mon grand-père avait une métaphore très explicite pour décrire la manière hardie, et peu académique, dont il procédait avec ses régiments d'artilleurs : « Nous poussions nos batteries dans les jambes mêmes de nos avant-gardes. Elles devenaient ainsi notre poing. » Grâce à son audace visionnaire, à un sens tactique aussi rare que singulier, et à une Division formée de vétérans aguerris par des années passées dans les sables et les tempêtes d'Afrique du Nord, le général Leclerc a toujours eu, pendant toutes les campagnes qu'il mena de 1940 à 1945, le dernier mot face à l'ennemi. Cela lui fut aussi permis, pour une part importante, parce que Grand-Père lui fournissait l'ultime argument : celui des rois.

La reddition du colonel von Berg

« Mon colonel, faites cesser immédiatement cette mauvaise plaisanterie. Dites à ce soldat d'ôter son pistolet-mitrailleur de mon dos. Nous sommes entre officiers. Et même entre hommes du monde, si j'en crois le nom que vous portez.

— Mon colonel, je ne peux rien faire. C'est un SS : il n'obéit qu'aux ordres de ses officiers, répond avec lassitude le colonel von Berg.

— Puisque vous le prenez ainsi, dit Grand-Père, je cesserai désormais de vous considérer comme un gentleman. Je vous redis donc mes conditions, et elles ne sont pas négociables. C'est la dernière fois que je vous le répète : le général von Choltitz a signé il y a deux heures l'acte de capitulation de toutes les troupes du Gross Paris. Voici un double de cet acte qui est aussi un ordre de cessez-le-feu qui s'impose à tous ses subordonnés. Le général Leclerc m'a chargé de le faire respecter et d'obtenir votre reddition. Je vous donne ma parole d'officier que vos hommes et vous-même serez considérés comme des prisonniers de guerre si vous vous rendez sans opposer de résistance. Je vous garantis alors l'application pleine et entière des conventions de Genève et je m'engage à vous apporter la protection de la 2e DB. Dans le cas contraire, je ne réponds pas de ce qui pourra advenir. Vous ne pourrez tenir votre position très longtemps. La foule et les FFI sont dehors et encerclent vos hommes. Si vous ne vous rendez pas à un officier de l'armée régulière, vous serez lynchés par la populace. »

Dans un ultime sursaut d'autorité, le colonel von Berg, officier de la Wehrmacht commandant la garnison du Luxembourg, point d'appui le plus important des troupes allemandes dans la capitale, le seul qui résiste encore en cette fin de journée, se met à crier en gesticulant avec les bras, et il en perd le monocle qu'il porte à l'œil tandis que la croix de fer qu'il arbore autour du cou tressaille drôlement sur les revers de son uniforme. Il tape du poing sur la table et exige d'un capitaine SS qui vient de s'approcher de mon grand-père, lui enfonçant à son tour un pistolet dans les côtes, qu'il obéisse à ses ordres. Il est un peu plus de six heures en cet après-midi du 25 août 1944. Quelques instants plus tôt, ce même capitaine en uniforme noir s'opposait violemment à son supérieur devant ses hommes, contestant ses ordres et répétant que le Führer attendait d'eux qu'ils combattent jusqu'à la mort et jusqu'au dernier.

Par les fenêtres ouvertes du magnifique bureau qu'occupe le colonel von Berg, dans le grand salon aux boiseries et aux lambris classés situé au rez-de-chaussée du palais du Luxembourg, on entend des tirs sporadiques de fusils et, de temps à autre, quelques rafales plus fournies de mitraillettes. Les hurlements des sirènes strient par intermittence les tympans et les haut-parleurs des voitures de la préfecture de Police de Paris demandent à la population d'évacuer au plus vite les rues du quartier parce que le palais et les jardins du Luxembourg seront bombardés par l'aviation américaine à partir de 19 heures. Comme souvent, en cette fin de mois d'août, il fait très chaud dans la capitale et l'air paraît immobile en l'absence de vent. Il est chargé d'effluves inconnus pour la plupart des Parisiens : odeur âcre et entêtante de la poudre, des pneus qui brûlent et du sang qui coule sur les trottoirs et se répand dans les caniveaux. Dans le bureau de l'officier allemand, l'atmosphère est extrêmement tendue. Grand-Père est accompagné du colonel von Unger, le propre chef d'état-major du général von Choltitz, qui traduit et confirme tous ses dires. Mais le capitaine SS refuse de s'incliner et d'obtempérer. Il menace de tuer tout le monde, à commencer par cet émissaire qui lui est insupportable parce qu'il est français et qu'il appartient aujourd'hui au camp des vainqueurs. Il tempête et s'échauffe tout seul, s'écriant qu'il pourrait faire sauter tous les bâtiments et s'immoler avec ses hommes dans un gigantesque brasier dont les Parisiens garderaient la mémoire.

Depuis qu'il est arrivé au palais du Luxembourg, en remontant sous des tirs épars la rue de Tournon jonchée de barricades, après avoir emprunté une automitrailleuse et bricolé à la hâte un drapeau blanc à l'aide d'un drap et d'une hampe de radio, il y a un peu plus de deux heures, Grand-Père va de surprise en surprise. Accompagné du capitaine Righini, un des officiers de son état-major, et du colonel von Unger, il a été pris en charge par des SS nerveux et agressifs aussitôt franchi le porche de la rue de Vaugirard. Des épaves de chars et des véhicules blindés abandonnés encombrent la cour d'honneur du Sénat, dont les façades côté rue sont criblées d'impacts de balles. Dans les couloirs du palais, la désorganisation est totale et la tension est perceptible entre SS et soldats de la Wehrmacht. Dans le grand bureau du colonel von Berg, la désolation règne. Des armes et des caisses de munitions éventrées jonchent le sol. Quelques cadavres sont empilés au centre de la pièce, sur les magnifiques tapis en savonnerie, à peine recouverts par les grands rideaux qui ont été arrachés de leur tringles dorées. Des officiers SS en tenue de combat entrent et sortent sans se soucier le moins du monde de l'âpre négociation qui se déroule au centre de la pièce. Ils se préparent à combattre jusqu'au dernier. Grand-Père, qui parle allemand mais s'est bien gardé de le dire, écoute et module ses interventions en fonction de ce qu'il entend. Mais il s'impatiente : depuis près de deux heures, il parlemente, essayant, avec l'aide du colonel von Unger, de convaincre son homologue, ce bouillant colonel von Berg qui hésite et semble prêt à aller jusqu'au sacrifice suprême. Et puis, il y a ce capitaine SS menaçant, et ce soldat qui lui enfonce sa mitraillette dans les côtes. Quelle sale journée !

Quelques heures plus tôt, juste après la signature des ordres de cessez-le-feu par le général von Choltitz sur un bureau improvisé dans la gare Montparnasse, le général Leclerc lui avait enjoint d'aller, selon ses termes, « chercher la reddition du point d'appui du Luxembourg ». À l'en croire, il s'agissait d'une simple promenade de santé. De fait, Leclerc lui ayant interdit de faire donner son artillerie dans la capitale par crainte de voir des pans entiers de quartiers s'effondrer, avec hommes, femmes, enfants et vieilles pierres chargées d'histoire, Grand-Père se trouvait démobilisé et, pour ainsi dire, inemployé.

« Mon colonel, reprend Grand-Père, je ne sais si vous avez pris la mesure de la haine qu'éprouvent les Parisiens à votre encontre. Vous serez dépecés, torturés, humiliés, et vos cadavres seront sans doute profanés par la foule. Votre honneur de soldat vous interdit de choisir une telle option. Il vous reste peu de temps pour vous rendre et déposer les armes. Dans une heure, l'aviation alliée déversera des tonnes d'obus sur vos positions. Je ne vois pas d'autre issue pour vous que la reddition en bonne et due forme. »

À quel moment Grand-Père sut-il trouver les mots pour convaincre l'officier allemand hésitant ? Soudain, le colonel von Berg sortit le Walther PPK de l'étui en cuir qu'il portait à la ceinture et le tendit à Grand-Père la crosse en avant, signe de reddition. « Par ordre du Führer ! Par ordre du Führer ! », s'écria-t-il en se tournant vers les officiers de son état-major. Ce qui ne fut pas du goût de la soldatesque SS, ainsi que le relatent Dominique Lapierre et Larry Collins dans *Paris brûle-t-il ?* : « Crépin et Righini se souviennent d'avoir vu les officiers SS devenir brusquement "pâles comme des morts” et arracher d’un même geste les insignes de leur grade et leurs décorations. Puis, sur un dernier “Heil Hitler !”, ils se mettent à sortir un à un du salon. »

Les combats menés par les Allemands contre les hommes de la 2e DB épaulés par les FFI se poursuivront le temps que parvienne l’ordre de cessez-le-feu du colonel von Berg aux quelque huit cents hommes de la garnison du Luxembourg retranchés dans les divers bâtiments, casemates édifiées derrière les grilles des jardins du Sénat ou chars Panther immobilisés aux emplacements stratégiques. Seuls quelques SS continuèrent de se battre, me disait Grand-Père, fredonnant d’étranges mélopées dont les paroles évoquaient la mort et l’esprit de sacrifice. Ceux-là épuisèrent toutes leurs munitions, mais se réservèrent la dernière cartouche par crainte de la populace.

De mes discussions avec mon grand-père, il ressortait clairement que la menace de ne pouvoir se prévaloir du statut de prisonniers de guerre s’ils ne se rendaient pas, et donc de courir le risque d’être lynchés par la foule parisienne, agita les esprits des officiers allemands qui commandaient la garnison du Luxembourg. Les soldats de la Wehrmacht savaient manifestement que les SS venaient de torturer à mort une douzaine de résistants, dont les corps affreusement suppliciés furent retrouvés quelques jours plus tard, après avoir été jetés et enterrés sommairement au fond d’une fosse commune creusée dans un coin du parc.

Bien des années plus tard, un soir où nous nous trouvions tous les deux chez lui, dans la maison de campagne qu'il avait fait bâtir au milieu d'une forêt, entre Fontainebleau et Milly-la-Forêt, sirotant un verre de cognac au coin d'un feu de cheminée dans le salon, sous les photos encadrées et dédicacées – c'était la mode à l'époque – du général Leclerc et du général de Gaulle, ces deux hommes auxquels il avait voué son existence et qui ont donné un sens supérieur à sa vie, je lui demandai comment s'était finie cette journée entrée dans l'Histoire. Je souhaitais savoir s'il était allé danser, une fois la nuit tombée, dans les bals populaires improvisés par le peuple parisien sur les places de quartier, aux carrefours des avenues, dans les squares et les jardins publics – ce qui n'était, a priori, vraiment pas son style, mais je voulais vérifier que mon intuition ne m'égarait pas. Il me répondit, avec cette simplicité qui était la sienne et qui me laissa si souvent coi et désarmé :

« Du Luxembourg, je suis retourné tard à la gare Montparnasse. Je finis par y trouver quelqu'un qui m'indiqua que le PC Avant de la Division, ainsi que le mien, étaient allés s'installer aux Invalides, où il n'y avait plus personne, là non plus, parce que tout le monde était parti s'égayer dans les rues. Ne sachant où dîner ce soir-là, je me suis souvenu que j'avais un cousin, Michel Cazé, héritier du sirop des Vosges portant son nom, qui habitait place Denfert-Rochereau. Je lui ai téléphoné et lui ai dit : “Bonsoir Michel, c'est Jean. Je viens de libérer le palais du Luxembourg. Ce fut une dure journée et je suis exténué. Puis-je venir dîner chez toi ce soir ?” Et je suis allé dîner chez lui. À la fin du repas, je suis revenu aux Invalides, parce que je voulais, au cas où, être opérationnel… Mais personne ne m'y a rejoint, et j'ai été obligé de dormir sous les combles, sur une vieille couverture pleine de puces qu'un Allemand avait abandonnée là. »

J'aime infiniment ce type de situations improbables, ces instants, rares et parfois incongrus, dans une existence où la réalité, avec tout ce qu'elle peut comporter de trivial, rattrape et rencontre la grande histoire. J'y vois, dans sa souveraine liberté, le principe même de la vie, que la fantaisie vient alors sertir et rehausser avec une exubérance qui n'est jamais vulgaire. Dans ces moments-là, il me semble que la vérité de l'instant s'accroît de la force de la réalité pour atteindre à la vérité romanesque, qui, elle, est universelle.

Les cloches de Notre-Dame

Le lendemain, c'est-à-dire le 26 août 1944, en cette journée de liesse qui compte parmi les rares moments d'unanimité du peuple français, journée qui vit le général de Gaulle descendre les Champs-Élysées lors d'une marche triomphale, Grand-Père avait été chargé de rendre, avec une partie de son artillerie, les honneurs militaires au chef de la France libre sur le parvis de Notre-Dame, où une messe solennelle devait être dite dans l'après-midi pour célébrer la libération de Paris. Des chapitres entiers ont été rédigés par de nombreux historiens, tous honnêtes, sérieux et compétents, pour décrire cet épisode de l'histoire de France parce qu'il y subsiste un mystère à ce jour non élucidé : celui de l'origine de deux fusillades, qui eurent lieu sur le parvis et à l'intérieur de la cathédrale.

Le matin même, donc, après avoir pris ses ordres auprès de l'état-major qui participait avec les autorités civiles à l'organisation du défilé de la victoire, Grand-Père s'était rendu avec un détachement d'honneur sur le parvis de Notre-Dame. Il y avait fait disposer ses automoteurs avec leur personnel en un large rectangle encadrant l'entrée de la cathédrale, de façon à écarter la foule dans laquelle pouvaient toujours se mêler des éléments dangereux. En dehors de l'espace délimité par les automoteurs, la place était noire de monde, une véritable mer, comme l'a écrit le général de Gaulle, hommes, femmes et enfants venus par dizaines de milliers apercevoir le chef de la France combattante en chair et en os, criant leur joie d'être enfin libres et vibrant d'une émotion si longtemps contenue.

« Le général de Gaulle finit par arriver en milieu d'après-midi dans une voiture découverte, avec le général Leclerc à ses côtés, me raconta mon grand-père à maintes reprises, conservant chaque fois la même version qui ne connut jamais la moindre variante. J'étais placé devant le front de mes troupes, au garde-à-vous, et je lui fis rendre les honneurs. Le général de Gaulle descendit de voiture, reçut des bouquets tricolores de deux fillettes portant le costume traditionnel alsacien, puis se dirigea lentement vers le grand portail du Jugement dernier, à l'entrée de la cathédrale. Il s'apprêtait à y pénétrer lorsque Leclerc lui fit remarquer que j'étais là. Il s'arrêta, revint sur ses pas, et, tournant autour de la voiture, s'approcha de moi pour me serrer la main. Puis il se dirigea vers le porche central et je le suivis.

« C'est alors qu'un coup de feu isolé fut tiré sur notre droite, à une faible distance, peut-être dix ou quinze mètres. Je puis témoigner formellement, puisque j'étais immédiatement derrière lui, que le projectile ne passa pas près du général de Gaulle. Il n'était certainement pas visé, contrairement à ce que certains ont pu prétendre, ou alors par un tireur de pacotille. Quelques secondes plus tard, une fusillade très nourrie éclata. Rien, pas même un sifflement de balle ne parvint près de nous, mais des éclats de granit se détachant de la façade tombaient à nos pieds. De Gaulle s'arrêta, se retourna, inspecta calmement toute la place du regard, puis, imperturbable, entra d'un pas rapide dans la cathédrale. Je le suivis de près pour le couvrir de mon corps, au cas où un coup de feu aurait été dirigé contre lui, sans que jamais une balle ne siffle ni ne ricoche à côté de nous. Une fois qu'il fut entré dans Notre-Dame, c'est-à-dire à l'abri, je retournai sur le parvis. Cela défouraillait de partout et le désordre était indescriptible. La foule, affolée, s'était jetée au sol. Des hommes et des femmes hurlaient de frayeur sans pouvoir s'arrêter. Ceux qui se trouvaient les plus proches de nos véhicules rampaient vers les automoteurs pour s'y abriter. Tétanisés par la peur, victimes eux aussi de cette panique contagieuse, les officiers de police en charge du service d'ordre étaient incapables d'agir et s'étaient couchés eux aussi. Même certains de mes artilleurs se laissèrent gagner par cette espèce d'hystérie collective. L'un d'entre eux, en particulier, un brigadier qui nous avait rejoints après la campagne de Tunisie et qui était pourtant réputé pour être un homme calme, tirait avec une mitrailleuse 12,7 montée sur affût au-dessus de la foule, en direction des toits. Il fallut que ses camarades grimpent, un peu plus tard, sur l'automoteur et le descendent à coups de poing pour qu'il cesse enfin de tirer. Voyant que la situation menaçait de dégénérer totalement, je pris sur moi de me substituer à la police défaillante. J'appelai donc à moi les officiers et sous-officiers du détachement d'honneur, choisissant de préférence, pour calmer les groupes de civils, ceux qui combattaient depuis le Tchad, donc les plus aguerris, et je les chargeai chacun d'un secteur où ramener l'ordre.

« Au bout de longues minutes, un calme relatif s'installa. Quelques hommes continuaient cependant à tirer depuis la préfecture de Police et mes artilleurs eurent toutes les peines du monde à les faire cesser. Il semble bien que les premiers tirs, ceux qui avaient suivi le coup de feu isolé, soient justement venus de la préfecture. Malgré cette accalmie, qui me paraissait encore très précaire, j'étais follement inquiet car la fusillade pouvait reprendre à tout instant et tuer des dizaines, voire des centaines de civils. Sur le côté nord de la cathédrale, trois FFI, postés sur le petit perron d'où l'on peut gagner les tours, canardaient encore en direction des toits, de l'autre côté de la rue. J'allai jusqu'à eux et leur demandai sur qui ils tiraillaient ainsi. Ils me répondirent que des miliciens se trouvaient sur les toits et se cachaient derrière les cheminées. Ces idiots pensaient pouvoir atteindre des cibles mouvantes à 80 mètres avec de simples revolvers ! Evidemment, les hommes qui se trouvaient sur les toits étaient des FFI, et ils prétendaient eux aussi tirer sur d'hypothétiques miliciens. Je vis même un soldat américain en uniforme, mitraillette au poing, progresser en zigzaguant entre les groupes d'hommes et de femmes, comme s'il se dirigeait vers un ennemi pourtant invisible. Je lui pris sa mitraillette et le fis arrêter par mes hommes. »

Au même moment se déroule au cœur de Notre-Dame de Paris un épisode connu de tous parce qu'il est entré de plain-pied dans l'histoire de France. Cette scène, qui appartient aujourd'hui à la mémoire collective, occupe, dans mon imaginaire personnel, une des premières places du fait de son intensité dramatique, de l'incroyable et miraculeux enchaînement des événements et, surtout, par la force politique et la puissance symbolique qu'elle contient. Elle est l'égale, à mes yeux, du dimanche de Bouvines par sa signification profonde, qui marque la rencontre d'un homme avec l'âme meurtrie d'un peuple, un homme que l'on jurerait envoyé par la Providence. Elle est l'égale, par la dimension presque sacrée que prend l'homme qui s'impose ce jour-là comme le chef de tous les Français, du couronnement de Charles VII à Reims. Elle est l'égale, encore, de ce jour de victoire, le 11 novembre 1918, où, depuis la tribune de la Chambre des députés, Georges Clemenceau, vieux radical à l'esprit sceptique, viscéralement anticlérical, alors président du Conseil, fut pris d'un irrépressible élan qu'il faut bien qualifier de mystique, lançant devant l'assemblée, d'une voix posée mais profondément émue, lui qui venait d'accomplir la tâche si difficile que lui avait assignée la IIIe République : « La France, hier soldat de Dieu, aujourd'hui soldat de l'humanité, sera toujours le soldat de l'idéal. »

Au même moment, donc, aussitôt après que le général de Gaulle eut fait son entrée dans la cathédrale, où l'attendait la foule venue assister au Te Deum, des coups de feu retentissent dans la nef. L'assistance se jette à plat ventre, renversant chaises et prie-Dieu dans un immense brouhaha amplifié par le bruit des détonations. À son apogée, la fusillade forme comme des roulements de tonnerre que répercutent les hauts murs de Notre-Dame. Le général de Gaulle continue à avancer, avec une lente majesté, précédant un cortège de personnalités et d'officiels, comme on disait alors, qui s'était aplati au sol dès les premiers coups de feu, à l'exception des généraux Kœnig et Leclerc. Le chef de la France libre traverse la nef, cette grande nef de soixante mètres de long, de son pas égal et résolu, sous le regard des fidèles à plat ventre, malgré les rafales qui continuent d'être tirées par saccades depuis le triforium et les étages des tours. Parvenu au transept, il s'installe, sans dire un mot, grande et impassible silhouette, à la place qui lui est réservée, tandis que le vainqueur de Bir-Hakeim se retourne vers l'assemblée qu'il rabroue vertement, ordonnant aux uns et aux autres de se reprendre, de se relever et de retrouver un peu de dignité. La cérémonie, qui se déroule sans archevêque et sans orgues, est écourtée compte tenu du danger qui persiste. En guise de Te Deum, les participants entonnent finalement un simple Magnificat, alors que les tirs continuent de résonner sous les voûtes de Notre-Dame.

De longues minutes plus tard, alors que le général de Gaulle était déjà reparti, Grand-Père commence à y voir un peu plus clair. Il a pris le temps d'exposer au général Leclerc, qui vient de s'éclipser lui aussi, les circonstances et conséquences de cet incroyable mouvement de panique collective qui aurait pu si mal tourner et, maintenant, il se reprend à respirer normalement. Les roulements des cloches, qui s'étaient mises à sonner à toute volée quelques instants plus tôt, l'avaient surpris et il s'était fait la réflexion qu'elles faisaient un bruit assourdissant. Il n'aurait su dire si, dans cette espèce de vacarme qui suivait une ligne mélodique inconnue de lui, le bourdon de Notre-Dame était actionné. Après toutes ces années passées dans le désert, il n'était plus habitué à ces tintements de cloches qui lui étaient pourtant si familiers autrefois, lorsqu'il faisait ses études à Amiens et qu'il pouvait entendre sonner le carillon de la cathédrale. Il refit en lui-même un rapide point de la situation.

Certes, il fallait déplorer de nombreux morts, mais, se dit-il, le général de Gaulle était indemne, le moment de panique de la foule était passé, et la situation se trouvait désormais sous contrôle. Il faisait doux, à Paris, en ce début de soirée de la fin du mois d'août 1944, et l'on voyait, au loin, le long des quais de la Seine et au-delà, trembler dans le vent les feuilles des platanes et des peupliers. Il y avait une jolie lumière ce jour-là, dans le ciel parisien, et de tendres couleurs paisibles semblaient jouer à cache-cache avec les ombres qui commençaient à s'allonger sur les façades des immeubles. Quelques minutes auparavant, il avait vu passer une jeune et jolie Parisienne, aux cheveux bruns et bouclés, qui lui avait souri. Cela faisait si longtemps qu'il n'avait pas ressenti une présence féminine à côté de lui. Un instant, son esprit se mit à vagabonder. Il eut une pensée pour sa femme et ses deux filles qu'il allait bientôt retrouver, c'était certain, d'ailleurs ce n'était plus qu'une question de jours. Et puis, c'était bon, il n'y avait plus de danger désormais. Ses hommes tenaient la situation bien en main.

Et, tandis qu'il rangeait son pistolet dans l'étui de cuir passé dans son ceinturon, il pouvait entendre sonner à toute volée les cloches de Notre-Dame. Il lui semblait qu'elles sonnaient encore plus fort que tout à l'heure. Mon Dieu, qu'elles étaient belles ! Il eut comme une intuition soudaine, une sorte de prescience très intime qu'il ne parvenait pas à analyser. C'étaient les cloches de la liberté, et, dans ce fracas séculaire qui résonnait sur le parvis, c'était tout son être qui tressaillait et sursautait, à chaque coup sourd, comme si battait en lui le cœur immense du peuple de Paris, ce peuple en liesse qui exprimait sa joie et sa fierté d'être relevé par des soldats français. Oui, c'était bien le plus beau jour de sa vie, et il se fit la promesse qu'il entendrait bientôt sonner d'autres cloches, celles de la cathédrale de Strasbourg. Oui, il fallait tenir à tout prix jusque-là. Il fallait tenir coûte que coûte, et casser autant de Boches qu'il le faudrait avec ses canons pour que fût enfin réalisé le serment de Koufra.

Le feu du ciel

« La mort de la femme aimée, c'est la foudre », disait André Malraux lorsqu'il évoquait devant ses amis la fin tragique de Josette Clotis, son grand amour, qui lui donna deux fils avant de mourir en 1944, dans une petite gare de Corrèze, les jambes broyées par un train. Si l'on accepte de considérer qu'une formule ou une métaphore peuvent résumer des sentiments confus mais intenses, comme des émotions simples ou complexes, alors mon grand-père fut frappé par la foudre. Même lorsqu'on en réchappe, on ne se remet jamais complètement d'avoir été brûlé par le feu du ciel, comme j'allais le découvrir bien des années plus tard au Liban, où je vis un des soldats du groupe de combat auquel j'appartenais être frappé, au sens littéral des termes, par la foudre, et en garder à vie de terribles séquelles. Quelle que fût sa force de caractère, qui était peu commune, Grand-Père n'échappait pas à la règle.

Parce qu'elle encourait les pressions vichystes de toute sorte, ma grand-mère avait le sentiment que l'étau se resserrait autour d'elle et, ne se sentant plus en sécurité en Gascogne, elle avait, dès la fin de l'année 1940, quitté avec ses deux filles leur refuge de Beautiran, une belle ferme au sud de la Garonne qui appartenait à des amis de ses parents. Elles avaient mis le cap sur la Provence. L'objectif de ma grand-mère était de s'établir à proximité de son père et de sa mère, qui s'étaient retirés à Nice à leur retour de Chine. On le sait, le département des Alpes-Maritimes fut, même après l'invasion de la zone libre par les Allemands, pendant une courte période – un peu moins d'un an –, entre le 11 novembre 1942 et le 8 septembre 1943, durée pendant laquelle les troupes de Mussolini l'occupèrent, un havre relatif pour des dizaines de milliers de réfugiés, juifs ou non, qui fuyaient la France et les autres pays d'Europe conquis par le Reich allemand. C'est la raison pour laquelle ma grand-mère avait souhaité s'y rendre. Or cette zone allait passer sous contrôle allemand quelques semaines après la destitution de Mussolini en juillet 1943. À partir de cette date, les persécutions contre les juifs s'intensifièrent, ainsi que la traque des opposants au nazisme et de leurs familles.

C'est au cours de ces journées de troubles et de profonde incertitude, à la mi-septembre 1943, que ma grand-mère prit la décision de quitter Nice pour aller se cacher dans la montagne. Ses parents, qui écoutaient Radio Londres, comme le faisaient chaque jour les hommes de la Milice et de la Gestapo, avaient entendu à différentes reprises le speaker lire des messages où il était question d'un certain lieutenant-colonel Crépin. Celui-ci, disait le speaker, avait reçu la Légion d'honneur et la croix de guerre puis, quelques mois plus tard, avait été fait Compagnon de la Libération. Mes arrière-grands-parents encouragèrent leur fille dans sa décision. Ma grand-mère partit s'installer avec ses filles dans un village nommé Moulinet, au cœur du Mercantour.

Selon le récit d'un couple d'instituteurs dont elle fit alors la connaissance, et avec qui elle allait nouer des relations amicales, elle resta dans ce village jusque dans les dernières semaines d'août 1944. Mais la situation devenait de plus en plus confuse et dangereuse dans cette partie du Mercantour : totalement désorganisées par le débarquement des Alliés en Provence, les troupes allemandes battaient en retraite et des unités éparses rôdaient dans les vallées, parfois sans officiers, chauffées à blanc par la présence de nombreux maquis de résistants qui multipliaient les embuscades. Le récit de la tragédie d'Oradour-sur-Glane était parvenu jusque dans la vallée de la Roya et s'insinuait dans tous les esprits. Après une incursion de soldats allemands dans Moulinet, au cours de laquelle furent réquisitionnées toutes les clés des habitations, les hommes du village prirent la fuite et partirent se cacher dans les granges de montagne. Ayant loué, en prévision d'un nouvel exode, une de ces granges bâties à flanc de vallée, ma grand-mère fit de même, emmenant avec elle ses deux filles. Un matin, alors qu'elle allait selon toute vraisemblance chercher du bois avec d'autres villageois, elle marcha sur une mine antipersonnel allemande. Elle mourut, les jambes arrachées, le 8 septembre 1944. Trois semaines plus tard, la totalité des habitants de Moulinet, comme toute la population civile des vallées de la Roya et de la Bévéra, était déplacée par les Allemands en Italie du Nord, épisode que les historiens qualifient de « déportation ». Par miracle, le couple d'instituteurs qui avait accepté de recueillir les deux fillettes orphelines que laissait derrière elle ma grand-mère parvinrent à déjouer la surveillance de leurs geôliers et s'échappèrent d'un de ces convois sans être arrêtés, emmenant avec eux ma mère et ma tante. Ils arrivèrent à Nice au début du mois de novembre 1944, et purent enfin remettre les fillettes à leurs grands-parents.

« Après la libération de Paris, j'ai vraiment cherché à me faire tuer », me dit un jour mon grand-père. Je savais qu'il avait obtenu du général Leclerc, à la fin du mois de septembre 1944, une longue permission pour partir à la recherche de sa famille. Il en était revenu le cœur brisé, ayant appris le funeste sort qu'avait connu sa femme et ne sachant si ses deux filles étaient encore vivantes. Pendant les campagnes de France et d'Allemagne qui suivirent, il prit tous les risques personnels, se portant en première ligne sous n'importe quel prétexte, au mépris de ses fonctions importantes dans le fonctionnement de la 2e DB. Un jour où je lui demandais quel souvenir il emportait de cette femme, ma grand-mère, que je n'ai pas connue, il me répondit : « J'ai toujours gardé en mémoire la dernière fois que je la vis. C'était sur un quai de gare à Toulon, en 1939. Je partais pour le Cameroun. Ce souvenir ne m'a jamais quitté. J'avais un mauvais pressentiment, mais je ne savais comment l'expliquer. Tout cela était à la fois si rapide et si confus. »

Au-delà de la douleur qu'il éprouva, mon grand-père en conçut un immense sentiment de culpabilité. Je compris, à l'observer, ce qu'était, pour l'esprit, un chagrin inconsolable et, pour le corps, une blessure inguérissable. La paix revenue, alors qu'il s'était remarié, il continuait de se reprocher cette mort dont il s'imputait l'entière faute. Bien des années plus tard, pendant la guerre d'Algérie, Grand-Père et André Malraux allaient nouer une amitié faite d'estime, de complicité politique, et, sans doute, de fraternité dans la tristesse. Malraux, qui était alors ministre des Affaires culturelles, venait lui rendre visite de temps à autre à Alger, et ils refaisaient le monde jusqu'à des heures avancées de la nuit, sur la terrasse de la résidence où logeait le commandant en chef. Il arrivait même que l'auteur de *La Condition humaine* vînt dîner à Paris chez mes grands-parents qui possédaient un appartement leur servant de pied-à-terre dans le XVIe arrondissement. Ils ne manquaient pas de sujets de discussions favorisant l'intensité de leurs échanges : ils avaient en commun leur gaullisme sans conditions, d'avoir été faits tous deux Compagnons de la Libération, de considérer que l'Histoire est nécessairement tragique et, enfin, d'avoir la mémoire longue des hommes qui ont vécu plusieurs vies dans leur existence. Ils avaient aussi, l'un et l'autre, vécu dans leur chair cette terrible épreuve qu'est la perte de la femme aimée. Fait troublant : toutes deux étaient mortes la même année à deux mois d'écart et avaient eu les jambes arrachées. Fallait-il voir un quelconque symbole dans cette étrange coïncidence, y chercher une mystérieuse signification ? J'ai cessé de m'interroger sur ce point. Faute de pouvoir apporter une explication rationnelle au sens de la mort de ma grand-mère, j'ai fini par me dire que sainte Barbe avait étendu sa protection à l'artilleur de la famille, mais n'était pas venue au secours de sa femme. Il y a, dans cet abandon à une forme de superstition venue du Moyen Age, quelque chose qui me dépasse et me rassure.

Les styles du vicomte et du lieutenant

La figure du général Leclerc a bercé mon enfance et éclairé mon adolescence, bien plus, au fond, que celle du général de Gaulle. À l'âge où mes camarades se donnaient Davy Crockett et Michel Vaillant, Thierry la Fronde et d'Artagnan comme héros d'un temps, puis, quelques années plus tard, Stendhal, Flaubert et Balzac, André Malraux, Ernest Hemingway ou Scott Fitzgerald, Pierre Drieu La Rochelle et Roger Nimier comme maîtres en écriture ou modèles de panache, je gardais en secret au fond de moi, non par peur du ridicule mais parce qu'elle m'était très précieuse et que je répugnais à la partager, l'image de ce général sans peur et sans reproche. Aux nombreux prestiges dont il jouissait à mes yeux s'en ajoutait un, définitif et indiscutable, parce qu'il avait un rapport étroit avec ma famille, et touchait donc une corde plus intime en moi : je savais que les Hauteclocque avaient, juste après la guerre, avec la profonde générosité qui caractérisait le général Leclerc et sa femme, pris sous leur aile protectrice ma mère, alors âgée de neuf ans, traumatisée par la mort de sa propre mère. Les années passant, Maman était devenue proche de la seconde des deux filles du chef de la 2e DB, prénommée Bénédicte, née la même année qu'elle et qui allait bientôt se trouver, elle aussi, confrontée au deuil en perdant son père peu de temps après. Je voyais dans cet accueil et cette hospitalité, de la part du libérateur de Paris, qui était entré de son vivant dans l'histoire de France et avait mille autres choses à faire que de s'occuper d'une orpheline, non pas un signe de charité, mais une marque d'amitié envers mon grand-père qui se débattait dans l'épreuve du veuvage, une manière pudique et discrète de lui manifester son estime et de prendre part à sa douleur. La maréchale et sa fille ont d'ailleurs été, par la suite, associées à presque tous nos nombreux événements familiaux, qu'ils fussent joyeux comme les mariages, ou tristes comme les enterrements. Aujourd'hui encore, je me souviens de mon émotion lorsque je voyais se présenter, à l'entrée de la propriété de mon grand-père, la maréchale, dans la vieille 2 CV qu'elle conduisit jusqu'à un âge avancé. Dès que je la voyais arriver sur le terre-plein qui s'étendait devant la maison, je me précipitais pour lui ouvrir la porte et l'aider à sortir de son véhicule, mais elle s'en extrayait sans mon aide, même dans les dernières années de sa vie, réajustait dans la foulée le grand chapeau noir que je lui ai toujours vu porter, puis posait sur moi un regard plein de bienveillance avant de me demander des nouvelles de ma famille.

Avec l'action conjuguée du temps, qui a opéré son œuvre de décantation, et de la mémoire, qui a passé au tamis les événements et gommé certaines aspérités des caractères des hommes de cette époque, je constate combien le visage et la stature du général Leclerc ont connu, dans les livres de ses biographes comme dans les esprits de mes contemporains, de nombreuses métamorphoses depuis sa mort, survenue il y a tout juste soixante-dix ans. Pour ma part, la discipline personnelle qu'il s'imposait m'intéresse aujourd'hui bien davantage que l'instinct de chasseur et le goût de la vénerie qu'il possédait au plus haut degré – deux traits de caractère qui lui ont permis de se révéler, par ce sens aiguisé de la manœuvre et de la tactique si souvent exercé dans les chasses à courre, comme un grand chef de guerre, dont l'un des meilleurs atouts était de toujours déjouer les prévisions de ses adversaires par l'originalité de ses plans et leur rapidité de mise en œuvre et d'exécution.

Tous les témoignages que j'ai pu recueillir concordent : malgré son impatience bouillonnante, malgré ses colères légendaires, et souvent injustes, envers ses subordonnés, le général Leclerc dévoilait parfois, la plupart du temps à son insu, sa personnalité lumineuse, comme éclairée de l'intérieur par sa foi vivante et profonde, qui se manifestait dans la vie courante par une parfaite rectitude de comportement. Mon grand-père me disait souvent qu'il émanait de lui une tension constante, et presque douloureuse, immédiatement perceptible par son entourage, vers le dépassement de soi. Il n'est pas une biographie récente de lui qui n'insiste sur cet aspect fondamental de son tempérament et de son existence, allant jusqu'à faire de ce général bien-aimé des Français un personnage de vitrail surmonté d'une auréole, un peu à la manière de Jeanne d'Arc ou de Saint Louis, ce qui est sans doute excessif.

Philippe de Hauteclocque était, avant tout, un aristocrate, portant haut son titre comtal, conscient de son rang et de ses devoirs. Il faut lire la correspondance qu'il a pu entretenir avec les uns et les autres, notamment avec le général de Gaulle, mais aussi avec sa femme, pour saisir combien cet homme sortait de l'ordinaire par son élévation d'âme et la conscience aiguë qu'il avait de ses obligations, issues de sa naissance dans une élite privilégiée. De ce point de vue, Leclerc fut une incarnation presque parfaite de la doctrine et de l'enseignement des Jésuites, qui voient en l'observation par chacun de son devoir d'état la base de toute organisation sociale harmonieuse. De Gaulle l'avait très bien perçu, lui qui avait discerné en ce gentilhomme picard un successeur possible dans l'hypothèse où lui-même viendrait à disparaître. Pour illustrer cette assertion, Grand-Père m'a souvent dit que le général de Gaulle cessa de fumer net lorsqu'il apprit, à la fin du mois de novembre 1947, la mort de Leclerc. Ayant fini par s'apercevoir au bout de quelques jours que son époux avait rangé cigarettes et allumettes dans un tiroir, Tante Yvonne lui avait demandé les motifs de cette décision. Il lui fut répondu gravement que, Leclerc disparu, son époux, Charles de Gaulle, restait désormais le seul recours pour le pays !

Si l'on applique à l'institution militaire la subtile intuition d'Albert Thibaudet, ce critique de grand talent qui distinguait deux lignées de stylistes dans la littérature française, celle du vicomte, venue des rhéteurs romains, avec Chateaubriand en figure de proue, et celle du lieutenant, héritée des penseurs grecs, avec Stendhal en chef de file, il apparaît sans conteste que le général Leclerc appartient à la première école. Une lignée prestigieuse, puisqu'elle a irrigué en profondeur l'armée française sous l'Ancien Régime, avec les Condé, Montcalm, Turenne ou Villars, dont la source a paru se tarir pendant plus d'un siècle, après le grand accélérateur de l'Histoire que furent la Révolution et le Premier Empire, qui permirent à tant de lieutenants fils d'aubergistes, de tonneliers ou d'avoués de devenir ducs et maréchaux, pour finalement rejaillir avec Foch, Leclerc et de Lattre.

Ces deux styles du vicomte et du lieutenant peuvent se compléter et s'appuyer mutuellement, comme dans *Les Trois Mousquetaires*, où l'on voit Athos et d'Artagnan prêter le serment d'entraide que l'on sait, engagement indissoluble les liant, dans un esprit de concorde rêvée, à ces deux autres archétypes humains que sont Porthos et Aramis, censés représenter, selon Alexandre Dumas, le bourgeois et l'homme d'Eglise. Il arrive aussi que ces deux styles tournent au contraire à l'antagonisme, comme le montre avec éclat Joseph Conrad dans cette superbe nouvelle intitulée *Le Duel*, dont Ridley Scott a tiré un film tout aussi magnifique, *Les Duellistes*. Entre les lieutenants Armand d'Hubert et Gabriel Féraud, la mésentente ne tient pas qu'à une querelle de préséance entre deux officiers issus de deux régiments rivaux de hussards sous le Premier Empire : derrière un prétexte futile, elle traduit en réalité l'affrontement de deux origines géographiques, l'homme du Nord et le Gascon, deux éducations différentes, l'héritier de bonne famille et le fils d'un forgeron illettré, deux tempéraments opposés, le flegmatique et le sanguin. Bref, deux visions du monde incompatibles, inconciliables, irréductibles.

Si Leclerc possédait à l'évidence le panache et la noblesse qui caractérisent le style du vicomte, il me restait encore à préciser, en l'incarnant par un visage et un destin, celui du lieutenant. Les compagnons d'armes de mon grand-père qu'il m'arrivait de croiser en sa compagnie étaient presque tous devenus ministres ou généraux. Difficile, dans les années 1980 et 1990, de voir en Pierre Messmer, Jean Simon, Jacques Massu, Louis Dio ou Alain de Boissieu les chefs de section qu'ils furent pourtant. Non, le lieutenant, tel qu'Albert Thibaudet en avait défini le style, se devait d'être aussi jeune, beau et impatient que Fabrice del Dongo ou Julien Sorel, personnages romantiques entre tous. C'est lorsque je fis mon service militaire au 7e BCA (7e Bataillon de Chasseurs alpins), qui était alors la plus haute garnison française puisque ses quartiers se trouvaient à Bourg-Saint-Maurice, à plus de huit cents mètres d'altitude, au cœur de la vallée de la Tarentaise, que je découvris la figure de Tom Morel, dont l'existence fut aussi brève qu'admirable.

Qui se souvient, aujourd'hui, de ce jeune lieutenant de Chasseurs alpins, chef intrépide du maquis des Glières, mort à vingt-neuf ans, fait Compagnon de la Libération à titre posthume par le général de Gaulle pour son action dans la Résistance ? Tom Morel, ce jeune homme qui n'avait jamais pu se résoudre à la défaite, dont la devise était « vivre libre ou mourir », n'était-il pas en tous points le parfait héros stendhalien, jusqu'à sa mort absurde et tragique, conséquence de la traîtrise d'un officier de Vichy ? À la manière de Jean-René Huguenin, jeune écrivain mort l'année de ma naissance, qui lui ressemble en bien des aspects, Tom Morel était habité par les flammes d'un brasier intérieur qui le brûlait et dévastait tout sur son passage. Sa quête éperdue de la vérité reposait sur un désir confus et fougueux d'absolu, et sur la certitude que son idéal valait – et exigeait – tous les sacrifices. Sa vie fut une cavalcade effrénée, mais toujours sur les cimes de l'honneur, rappelant ainsi celle d'Angelo Pardi, le hussard de Jean Giono qui avait élu domicile sur les toits pour échapper à l'épidémie de choléra qui ravageait son époque. Vérité, absolu, idéal, honneur : j'ai bien conscience, en écrivant ces mots, de recourir à un vocabulaire qui paraîtra tombé en désuétude à certains, voire totalement passé de mode, mais c'étaient les termes qui étaient utilisés à l'époque pour décrire ce que ressentaient ces hommes-là. Il est vrai que ces hommes-là n'étaient pas tout à fait comme les autres… Et puis tant pis ! L'important est de nommer la réalité des choses et de dire la vérité telle qu'on la voit.

L'autre figure qui aurait pu convenir pour illustrer le style du lieutenant était, à coup sûr, celle d'André Zirnheld. Mais, en tant qu'aspirant, il patientait encore, à mes yeux, dans l'antichambre des officiers. Traitement évidemment injuste de ma part, qui tenait au fait qu'il n'était pas militaire de carrière, mais aussi que je connaissais son existence depuis mon adolescence et qu'elle ne présentait donc pas l'attrait de la nouveauté. Quel destin pourtant que celui de ce jeune professeur de philosophie qui avait choisi de servir dans le French Squadron de la Special Air Service Brigade (SAS Brigade) ! Comme Tom Morel, André Zirnheld était mort à vingt-neuf ans et avait également été ordonné Compagnon de la Libération à titre posthume. Mais, alors que Morel était tombé au pied des montagnes de Haute-Savoie, c'est dans le désert de Tripolitaine que Zirnheld, le plus mystique des parachutistes, avait trouvé ce qu'il était allé chercher. Il était mort de ses blessures dans d'atroces souffrances, après avoir été mitraillé par un Stuka allemand, comme si, pour s'élever définitivement au-dessus des autres, il fallait toujours payer le prix suprême. Aujourd'hui encore, je connais par cœur cette prière qu'il avait rédigée et que l'on retrouva inscrite dans un petit carnet qu'il portait toujours sur lui.

La voici, cette prière qui est devenue celle des parachutistes français :

« Je m'adresse à vous, mon Dieu,
Car vous seul donnez
Ce qu'on ne peut obtenir que de soi.
Donnez-moi, mon Dieu, ce qui vous reste,
Donnez-moi ce qu'on ne vous demande jamais.
Je ne vous demande pas le repos,
Ni la tranquillité,

Ni celle de l'âme ni celle du corps.
Je ne vous demande pas la richesse,
Ni le succès, ni même la santé.
Tout cela, mon Dieu, on vous le demande tellement
Que vous ne devez plus en avoir.
Donnez-moi, mon Dieu, ce qui vous reste,
Donnez-moi ce que l'on vous refuse.
Je veux l'insécurité et l'inquiétude,
Je veux la tourmente et la bagarre,
Et que vous me les donniez, mon Dieu,
Définitivement,
Pour que je sois sûr de les avoir toujours
Car je n'aurai pas toujours le courage
De vous les demander.
Donnez-moi, mon Dieu, ce qui vous reste,
Donnez-moi ce dont les autres ne veulent pas.
Mais donnez-moi aussi le courage,
Et la force et la foi.
Car vous êtes seul à donner
Ce qu'on ne peut obtenir que de soi. »

Faisant écho à une célèbre formule, pleine d'indulgence et d'humanité, de ce grand historien que fut Marc Bloch, qui écrit, dans *L'Etrange Défaite,* qu'« il est deux catégories de Français qui ne comprendront jamais l'histoire de France : ceux qui refusent de vibrer au souvenir du sacre de Reims ; ceux qui lisent sans émotion le récit de la fête de la Fédération », il me semble que celui qui ne frémit pas à la lecture de cette prière ne peut comprendre notre si imparfaite, si belle, si humaine condition.

« Les jours les plus sombres sont des veilles de victoires », avait coutume de dire le général Leclerc. Avançons une hypothèse : si les hommes qui ont en charge le destin de notre pays font aujourd'hui preuve de tant de médiocrité, c'est peut-être tout simplement parce qu'ils ont perdu la foi – en eux, en leur pays, en Dieu. C'est ce qu'il m'apparaît clairement lorsque je songe aux trois destins, si différents mais si semblables, de ce général de cavalerie, de ce lieutenant de Chasseurs alpins et de cet aspirant de parachutistes.

En passant par l'Alsace et la Lorraine

C'est pendant les campagnes d'Alsace et de Lorraine que Leclerc et ses hommes démontrèrent toute leur vista. La bataille de Strasbourg est un chef-d'œuvre de maîtrise, un modèle de rapidité, d'adaptation et d'exploitation de l'effet de surprise, qui déborda l'adversaire et le prit totalement de court, l'empêchant ainsi de se réorganiser et de se reformer, rendant du même coup inopérantes toutes ses tentatives de stopper, voire tout simplement retarder les trois puissantes avancées françaises. Par son niveau tactique, cette large manœuvre d'enveloppement, dans laquelle l'artillerie joua un rôle prépondérant, puisque les feux de ses batteries en appui direct ou en action d'ensemble permirent de rompre et de disloquer les défenses allemandes, égale bien des victoires de Napoléon. Elle est d'ailleurs étudiée, aujourd'hui encore, dans de nombreux établissements d'enseignement militaire à travers le monde, et en particulier à l'Ecole supérieure de guerre. Quant à la bataille de Baccarat, elle a, pour les mêmes raisons de vitesse, mais aussi de grâce et de légèreté dans sa conception et son exécution, été surnommée par les historiens le « menuet de Baccarat », et même qualifiée par certains de « ballet héroïque », selon la jolie formule du général Compagnon, auteur de la meilleure biographie qui soit de Leclerc. C'est dire ! Elle est l'œuvre d'un artiste de la chose militaire. L'étudier dans le détail, c'est comme déchiffrer la partition d'un livret baroque ou classique : entre la grâce de l'andante et l'ardeur du finale, il y a la légèreté du menuet, où alternent quelques figures imposées, façon de rappeler que l'auteur connaît la musique, et des mouvements tout en modération et en profondeur, le paradoxe n'étant ici qu'apparent, qui sont ceux d'un virtuose.

Mais la 2e DB savait aussi faire dans le dur, dans le lourd, dans le brutal, et aller au contact contre du très costaud, comme l'illustre le déroulement de la bataille de Dompaire, véritable action de force, au cours de laquelle les petits gars de Leclerc affrontèrent deux grosses unités de chars d'assaut, et cassèrent littéralement l'une d'entre elles, la 112e Panzerbrigade, une formation d'élite équipée de matériel neuf, aux ordres d'un des meilleurs généraux de l'arme blindée allemande, le général von Manteuffel, dont la mission était d'enrayer la progression des Alliés et de tenter de rétablir une ligne de défense devant les Vosges. Ils la cassèrent tant et si bien, cette brigade de Panzers, que celle-ci, ayant vu soixante de ses chars détruits en une seule journée, disparut purement et simplement de l'ordre de bataille allemand le soir même. Evoquant bien des années plus tard cette bataille dans ses mémoires, le général de Boissieu, qui était à l'époque capitaine au 501e Régiment de Chars de combat (501e RCC), notera que les équipages des blindés allemands, complètement sonnés, totalement abrutis et dégoûtés par le déluge de feu et d'acier qui leur tombait dessus, s'extrayaient à la hâte de leurs véhicules et s'enfuyaient en les abandonnant sur le terrain.

Manœuvrer, manœuvrer, manœuvrer ! Tel était le mot d'ordre que Leclerc répétait sans cesse aux chefs de ses trois groupements tactiques, Dio, Langlade et Guillebon. Manœuvrer, dans son esprit, c'était chercher à toujours surprendre l'ennemi là où il ne vous attendait pas, en le désarçonnant par la rapidité d'exécution de plans tactiques nécessairement marqués par la clairvoyance, dans laquelle devaient entrer autant d'audace que d'instinct. Là où les chefs d'états-majors américains et le général de Lattre voyaient leurs armées s'enliser et leurs divisions piétiner dans la froidure, la neige et la boue de l'hiver alsacien et lorrain, cherchant à jouer au bras de fer avec la Wehrmacht et les SS à chaque carrefour venu, dans les bocages ou les rues des villages, privilégiant la logique du choc frontal dans un ordre académique, bloc contre bloc, blindage contre blindage, acier contre acier, plutôt que la vitesse, la percée, l'infiltration et le débordement, la 2e DB caracolait et s'ébrouait tel un jeune pur-sang dans son herbage, avec les naseaux fumant de joie et de liberté dans l'air gelé.

Au fond, une fois de plus s'opposaient, à travers le commandement des généraux de Lattre et Leclerc, deux conceptions de l'affrontement de cavalerie : la logique majestueuse des charges franches et massives de lanciers et de cuirassiers, souvent lancées dans un ordre de manœuvre compassé, cherchant le dénouement de la bataille dès le premier choc, face à celle des incursions à la dérobée, redoutables et affûtées, parfois menées à l'instinct, s'apparentant presque à des rapines, spécialité incontestée des hussards et des chasseurs, ces cavaliers nerveux et mal élevés qui furent longtemps considérés comme des sabreurs sans foi ni loi. Lawrence d'Arabie avait une jolie formule pour résumer, dans cette querelle aussi ancienne que l'existence des états-majors, le point de vue qu'il avait eu tout le loisir d'expérimenter lors de ses combats de guérilla contre les Turcs : « Jamais de front, rien que des flancs ! » Leclerc aurait pu ajouter, pour compléter la formule de Lawrence : « Déborder, envelopper, percer ! »

Tout a été dit et écrit sur la bataille de Strasbourg et sur son dénouement si rapide qu'il peut paraître invraisemblable. La portée symbolique de la reprise de la capitale de l'Alsace dépassa le strict cadre militaire et eut un retentissement considérable dans tout le pays, équivalent ou presque à celui de la libération de Paris. Il faut se replacer dans le contexte de l'époque. Le prestige de la 2e DB et l'aura de son chef étaient si étincelants qu'ils formaient comme un point d'incandescence dans la longue nuit que fut l'occupation allemande, attirant les regards, réveillant les esprits, réchauffant les cœurs, ranimant les enthousiasmes. Dès le débarquement en Normandie, tout le monde voulut en être, jusqu'aux artistes, intellectuels ou saltimbanques, d'ordinaire très éloignés de l'imaginaire militaire et de ses fastidieuses contingences. Les comédiens Jean Gabin et Jean Nohain, Jean Marais et Hubert Deschamps, Claude Dauphin et Jean-Claude Pascal, le restaurateur Claude Terrail et le journaliste Jean Lacouture rejoignirent ainsi d'autres personnalités de la vie civile, qui s'étaient engagées dans la DB en Afrique du Nord, à l'image de l'écrivain et journaliste Jean Daniel, ou encore de François Jacob, qui réussit par la suite la prouesse d'accrocher un prix Nobel de médecine à ses nombreux titres de gloire, parmi lesquels se détache la croix des Compagnons de la Libération.

Il n'est pas utile de décrire dans le détail la conduite des opérations militaires qui ont mené à l'éclatante victoire de Strasbourg. Je souhaite toutefois retenir un témoignage, celui de Jacques Salbaing, qui avait interrompu sa formation d'ingénieur pour s'engager en 1942 dans la 2e DB, où il servit comme tout jeune lieutenant au sein du RMT (Régiment de Marche du Tchad), avant de retourner à ses études et à la vie civile lorsque la guerre fut finie. « À Cirey-sur-Verouze, écrira-t-il par la suite, une surprise nous attend. Toute ma vie, je garderai gravé dans ma mémoire ce court instant où nous défilâmes et saluâmes, d'un geste intense et grave, le général Leclerc qui, seul, immobile, debout sur le haut perron d'une maison, passait en revue ses unités, et saluait à son tour, à sa manière, ceux qui allaient livrer l'assaut qu'il lançait sur Strasbourg. Nous lui étions reconnaissants de manifester ainsi l'hommage du chef à ses hommes, avant ce combat, sachant bien que nombre d'entre nous y laisseraient la vie, ou resteraient handicapés à jamais. Il savait aussi que l'accomplissement du serment qu'il avait prononcé à Koufra dépendait de la volonté et du courage que nous mettrions à réaliser le plan qu'il avait conçu. » Ce fragment de récit décrit à la perfection l'état d'esprit qui régnait alors dans cette Division, avec des hommes prêts à tous les sacrifices, des hommes en parfaite osmose avec leur chef qu'ils aimaient et vénéraient. Il rappelle surtout que la guerre n'était pas une partie de plaisir, que la bravoure et l'héroïsme se payaient souvent d'un prix élevé, que la gloire, qui paraît toujours altière et ensoleillée, pouvait aussi avoir une face sombre et tragique, pour ne pas dire atroce, ou misérable comme l'est un estropié.

Le lendemain de la bataille de Strasbourg se déroule une scène que j'aime infiniment parce qu'elle raconte, mieux qu'un communiqué de victoire rédigé avec l'emphase qui sied à ce type d'exercice d'écriture, ce que ressentaient depuis l'Afrique ces hommes si fiers d'avoir tenu, contre toute attente, le serment de Koufra. Cette promesse faite sur l'honneur blessé, au début de l'année 1941, au cœur d'une oasis perdue dans le désert de Libye, tenue pour une hypothèse improbable par les sceptiques et les rieurs, ces deux types d'hommes spécialistes des manœuvres de retardement, avait été pour les vieux briscards de Leclerc comme une boussole intime, indiquant la voie du courage et de la dignité, tandis que la flèche de la cathédrale de Strasbourg était à la fois un objectif et une épée plantée dans les reins vous poussant à avancer sans faiblir. Ce jour-là, donc, le général

Leclerc déjeune avec deux officiers de son état-major dans le palais du gouverneur. Survient le colonel Dio. Leclerc l'accueille chaleureusement et lui lance, avec une joie non feinte : « Eh bien, mon vieux Dio, ça y est, cette fois, hein ! C'est fait ! Maintenant, on peut tous crever ! » À ces mots, une salve d'obus tirée par l'artillerie allemande encore en action frappe le palais du Rhin. Une violente explosion secoue la grande salle d'apparat où se trouvent les quatre hommes, faisant voler les vitres en éclats, renversant le mobilier, provoquant l'effondrement d'un lustre monumental qui s'écrase avec fracas sur le parquet. Il faut deux bonnes minutes avant que se dissipe la fumée et que Dio puisse s'extraire des débris de plâtre et de verre qui jonchent le sol. Alors que Leclerc s'empresse vers lui et s'enquiert de savoir s'il n'est pas blessé, Dio répond simplement, en frottant sa nuque douloureuse, avec ce sens de la repartie si insolite qui lui était propre : « Drôle de truc ! »

Deux autres moments de ces campagnes de France et d'Allemagne me touchent également au cœur. L'un, aussi fugitif qu'un instantané, a été saisi par une photo, prise le 6 mai 1945, qui se trouvait exposée, du temps de mon enfance et de mon adolescence, au rez-de-chaussée de la Maison de la 2e DB, alors située rue de Miromesnil. Je me souviens qu'elle était déployée en grand format noir et blanc sur l'un des murs de la voie prévue autrefois pour le passage des calèches et des voitures dans les hôtels particuliers ou les immeubles de prestige. On y voyait, prise d'un point de vue situé en léger contrebas, le général Leclerc et ses principaux officiers, dont Grand-Père avec son éternel calot, posant devant le Berghof. Quel symbole ! Cette poignée d'hommes partis d'Afrique à la fin du mois d'août 1940 était parvenue, cinq ans plus tard, à remplir non seulement son objectif, qui était de voir flotter de nouveau le drapeau français sur la cathédrale de Strasbourg, mais aussi à libérer Paris et prendre, au nez et à la barbe des troupes américaines, le repaire intime, le refuge ultime, le fameux « nid d'aigle » de l'homme qui avait humilié l'Europe et martyrisé ses peuples pendant plus d'une décennie. On comprend que le roi Jean, surnom du général de Lattre, en ait pris ombrage ! Car, malgré l'issue heureuse de cette campagne de France, celle-ci fut sans cesse assombrie, après la libération de Paris, par les relations difficiles, pour ne pas dire exécrables, et la lutte acharnée qui se déroulait en coulisses entre les généraux Leclerc et de Lattre, deux personnalités que tout, absolument tout, opposait, depuis leurs tempéraments respectifs jusqu'à leurs méthodes de commandement.

L'autre épisode qui m'est cher se déroule après le retour en France de la 2e DB, lors de la cérémonie que l'on a appelée les adieux de Fontainebleau. C'est au cours de cette prise d'armes, qui se déroula le 22 juin 1945, que le général Leclerc confia au colonel Dio, premier officier à avoir accepté de le suivre sans conditions, le commandement de cette si belle unité. Leclerc allait partir quelques jours plus tard pour l'Indochine, avec une grande partie de son état-major, dont mon grand-père, à qui était confié le soin de mettre sur pied l'artillerie du Corps expéditionnaire français en

Extrême-Orient. Au cours de cette passation de commandement, qui se déroula sans témoins, dans un silence austère marqué par une atmosphère à la fois solennelle et intime, presque recueillie, Leclerc prononça une très courte allocution, avec ces deux phrases que les anciens de la 2e DB n'allaient jamais oublier : « Quand vous sentirez votre énergie fléchir, rappelez-vous Koufra, Alençon, Paris, Strasbourg. Retrouvez vos camarades, recherchez vos chefs et continuez en répandant dans le pays le patriotisme qui a fait notre force. » On ne saurait trouver propos plus intemporel – ni plus actuel. Mais qui osera le dire ? Il y a des hommes dont la voix manque à notre époque. Aujourd'hui, c'est au fond des bibliothèques, dans le silence et la pénombre des salles de lecture désertées, que nous pouvons parfois entendre ces hommes nous murmurer ce que fut leur vie. C'est par les bibliothèques que nous trouverons le salut.

Le piège tonkinois

Il n'a pas aimé l'Indochine. Il n'aimait pas non plus en parler. Qu'a-t-il bien pu se passer là-bas, ou dans sa vie, que j'ignorerais, pour qu'il répugnât tant à évoquer les années qu'il y vécut ? Je me suis longtemps posé la question sans pouvoir y répondre. Je ne me l'explique toujours pas à ce jour. A-t-il connu des déceptions sur cette terre lointaine ? Eprouvait-il un sentiment de culpabilité à l'idée de laisser en France ses deux filles, confiées à la garde de sa mère, alors qu'il ne les avait pas vues pendant toute la durée de la guerre ? Avait-il tout simplement besoin de poser son sac et de prendre un peu de repos après la succession de chocs qu'il avait encaissés, au physique comme au moral, entre 1940 et 1945 ? Autre question : la véritable raison de ce désamour n'était-elle pas à chercher ailleurs que dans des motifs personnels ? Et notamment dans le fait que la mission qui lui échut là-bas fut plus politique et diplomatique que militaire ? Je l'ignore, moi qui sais pourtant presque tout de la vie de mon grand-père.

Il n'a pas aimé l'Indochine, donc, et cela me désole. Ce rendez-vous manqué m'apparaît d'autant plus regrettable que jamais, dans l'histoire de la colonisation, une greffe ne s'est révélée aussi féconde que celle tentée sur cette terre d'Asie si belle, si riche et si insouciante – à l'exception peut-être de l'aventure anglaise aux Indes, qui commença par la conquête, s'installa ensuite dans la vie commune et, après ce qui s'apparente à une sorte de mariage de raison forcé, finit par donner elle aussi de très beaux fruits. J'utilise à dessein le vocabulaire de la séduction, du cœur et de la passion car il s'est passé quelque chose, et c'est indéniable, entre les peuples français et vietnamien, que l'on peut qualifier sans se tromper d'histoire d'amour. Ces deux peuples étaient à l'évidence faits pour s'entendre, comme le destin des Gaulois et des Romains avait été de se rencontrer, de s'unir et de fusionner ensemble. C'est une constante : chez la plupart des anciens de « l'Indo » que j'ai été amené à connaître, par le biais de mon grand-père ou de ma propre initiative, et ils furent très nombreux, revenait sans cesse cette évidence : ils avaient eu le coup de foudre pour ce peuple et son pays.

Alors que ses compagnons de combat s'y épanouissaient, y éprouvant une intense volupté après les restrictions de la Seconde Guerre mondiale, pourquoi Grand-Père ne parvint-il pas à trouver cette paix intérieure, faite de sérénité de la conscience autant que d'assouvissement des sens, dans cette magnifique liberté d'esprit, d'où étaient absentes les notions de péché et de morale, qui régnait alors en Cochinchine, en Annam, et même au Tonkin ? La vérité est peut-être toute simple : aussi dur à cuire fût-il, je crois que mon grand-père était d'une nature extrêmement prude. Ce gros nounours pouvait vous aplatir un grenadier allemand d'un coup porté avec le tranchant de la main mais il fondait de timidité devant une jeune et jolie femme. C'est l'un de mes plus grands regrets : j'aurais aimé qu'il me parlât, comme le firent à plusieurs reprises le général Bigeard et Hélie de Saint Marc, des falaises de Coc Xa, des bruits que font la nuit les animaux de la jungle lorsque l'on monte la garde dans le mirador d'un poste situé à l'orée d'un village, de cette infecte solitude que l'on peut ressentir parfois lorsque l'on s'endort sur sa paillasse et que l'imagination se met à divaguer en songeant au pays, ce que les légionnaires appellent le cafard. J'aurais aimé qu'il me parlât des fumeries d'opium et des salles de jeux de Cholon, ce quartier chinois où il était si courant de jouer à la roulette russe, des virées nocturnes des Marsouins et des Bigors en goguette dans Cao Bang assiégée, de cette filière corse qui avait pris le contrôle de l'hôtel Continental de Saïgon, des bagarres entre marins et aviateurs à la sortie des bars de la rue Catinat.

C'est clair, j'ai été, à la différence de mon grand-père, follement amoureux de ce pays. Mais, autant j'ai aimé et rêvé de l'Indochine des Français, autant je suis resté insensible au Viêtnam des Américains. Sans doute parce que j'avais tourné la page. Pour dire toute la vérité sans rien dissimuler, il fut même une époque où je choisissais mes petites amies non pas en fonction de leur mère, comme le faisaient la plupart de mes camarades de soirées, mais de leur père – le critère le plus important étant à mes yeux que celui-ci ait fait « l'Indo » et qu'il puisse m'en parler après que je l'eusse convaincu, à l'issue de moult et habiles manœuvres d'approche, de le faire. Je sais combien tout cela peut paraître aujourd'hui ridicule ou dérisoire, mais c'est ainsi. J'étais adolescent et je lisais avec délectation les livres de Lucien Bodard, aussi baroques, touffus, tortueux et exubérants que pouvaient l'être les villes, les temples, la végétation et les êtres de cette partie du Sud-Est asiatique. Je connaissais plus ou moins par cœur *Les Centurions* de Jean Lartéguy, et ce récit de Paul Bonnecarrère intitulé *Par le sang versé* qui décrit, sans affèterie ni lyrisme, la contribution de la Légion étrangère à la tentative de maintenir l'Indochine dans l'Empire français, tentative qui se heurtait à un processus d'émancipation irréversible, et donc absurde et inutile, mais incontestablement superbe d'un point de vue esthétique, comme le sont la plupart des causes perdues. J'ai vraiment cru alors, j'avais quinze ou seize ans, que mon destin était tracé et que la vie me conduirait à devenir un jour officier comme mon grand-père.

C'était l'époque où, lorsque je n'étais pas collé par les pères jésuites de mon pensionnat normand, je rentrais parfois le week-end à Paris pour y rencontrer d'anciens officiers et soldats issus de ces corps d'élite qu'étaient le 1er BEP (1er Bataillon Etranger de parachutistes), le 3e REI (3e Régiment Etranger d'infanterie), le 6e BPC (6e Bataillon de Parachutistes coloniaux), le 2e BCP (2e Bataillon de Chasseurs parachutistes). Fouillant dans leur mémoire, ils évoquaient devant moi, à tâtons et la voix brisée parce qu'ils étaient sous l'emprise de l'émotion, les vies fracassées de leurs camarades disparus dans l'anonymat, frappés au détour d'une embuscade dans la plaine des Joncs, fauchés par une rafale de pistolet-mitrailleur lors d'une bataille rangée sur la route de That Khé, dévastés jusqu'au plus intime par les éclats d'une grenade reçus dans le ventre en défendant Eliane, Béatrice ou Gabrielle, l'un des sept points d'appui censés tenir Diên Biên Phu, assassinés sans gloire par un partisan que l'on croyait fidèle alors qu'il avait été retourné, quand ils ne succombaient pas – ce qui était la pire des fins – sous la torture des Viets, qui officiaient avec ce mélange si asiatique de raffinement et de cruauté. Toute une génération de soldats d'une magnifique intrépidité, tout aussi braves que l'avaient été mon grand-père et ses compagnons, mais plus jeunes, souvent formés dans la Résistance, commençait à percer et à se distinguer dans la jungle, les rizières et les montagnes de ce pays qui semblait être, plus que tout autre, béni par les dieux. Mon Dieu, que la vie était fragile pour les hommes forts ! Et qu'elle était injuste pour les hommes désintéressés ! Au fond, je ne me suis jamais vraiment remis de cette découverte, qui paraîtra une évidence au plus grand nombre, et qui date pour moi de la fin de mon adolescence : pourquoi la vie estelle si douce envers les voyous et les hors-la-loi alors qu'elle s'avère si dure pour les hommes bons, loyaux et généreux ?

Car c'étaient quand même de hardis combattants, chevaleresques et prodigues, tous ces baroudeurs qui avaient pour noms Bigeard, Jeanpierre, Segrétain, Mattei, Bréchignac, Raffali, Faulques, Morin, et je ne cite là que les officiers les plus brillants, ceux dont l'histoire militaire a retenu le patronyme en raison de leur bravoure ou de leur mort héroïque, alors qu'il faudrait également parler des hommes de troupe et des sous-officiers, si souvent admirables, et qui aimaient tant ce pays qu'ils en épousaient les femmes, qui leur donnaient des enfants à la beauté stupéfiante. Oui, c'étaient des durs de durs, tous ces hommes au caractère si abrupt que je ne sais s'il faut les qualifier de briscards, de grognards ou de soudards. Il y avait aussi, dans cette guerre lointaine que voulait ignorer la métropole – vous comprenez, il fallait s'amuser, après ces cinq années passées sous l'Occupation ! –, des soldats à l'esprit tourmenté et à la conscience éprise d'idéal, parmi lesquels se détachaient les belles figures d'Hélie de Saint Marc, bien sûr, du lieutenant-colonel Gabriel de Sairigné, ou encore du chef de bataillon Michel Forget, qui trouva la mort aux côtés de ses légionnaires, lors du désastre que fut l'évacuation de la garnison de Cao Bang par la RC4, et dont Jean-Marie Rouart, l'un de ses neveux, brosse un émouvant et beau portrait dans son *Adieu à la France qui s'en va.* Au fond, cette extravagante dilection que j'éprouvais pour la guerre d'Indochine était sans doute aussi, pour moi, une manière de marquer ma différence avec mon grand-père : puisque son ombre écrasante s'étendait sur presque tous les champs de bataille des dernières guerres, je tenais enfin, avec ce pays, un théâtre d'opérations imaginaire où je pouvais, en toute liberté, m'ébattre et m'ébrouer, sans jamais être ni contraint ni surveillé puisque lui-même n'y avait guère combattu. Il allait en effet être affecté, par la force des circonstances et de son histoire personnelle, à d'autres besognes que la poursuite de la guerre au sens strict.

Après avoir débarqué en Indochine avec l'état-major de la 2e DB, Grand-Père s'était employé dans un premier temps à mettre sur pied l'artillerie du Corps expéditionnaire français qui s'efforçait de reprendre en main le pays. À la fin de l'année 1945, grâce à l'action énergique de la 2e DB et de la 9e DIC (9e Division d'Infanterie coloniale), que commandait le général Valluy, la Cochinchine, le Sud-Annam, le Cambodge et le Laos étaient de nouveau sous contrôle français. Mais le Tonkin restait aux mains des Chinois. C'est alors que Grand-Père reçut de Leclerc une nouvelle mission, plus diplomatique que militaire, au motif qu'il avait vécu plusieurs années dans l'empire du Milieu et qu'il paraissait le mieux à même de traiter avec des interlocuteurs chinois dont la ruse et la rouerie étaient connues de tous. Sa mission : se rendre dans la ville de Tchoung King, capitale provisoire de la Chine nationaliste, en compagnie du général Salan, vieux routier de l'Asie du Sud-Est, surnommé le Mandarin par ses hommes, afin de négocier avec les autorités chinoises le retrait de leurs troupes qui stationnaient encore en Indochine du Nord.

Ce ne fut pas chose aisée. Salan et lui arrivèrent à Tchoung King le 7 janvier 1946. Si Salan rejoignit l'Indochine au bout de quelques jours, Grand-Père resta plusieurs mois en Chine à négocier avec les hommes de Chiang Kai-shek, assisté pour la circonstance de l'ambassadeur Jacques Meyrier et de son adjoint Jean Daridan, ainsi que du colonel Repiton-Préneuf, polytechnicien, vieux complice et ami de la 2e DB, dont il dirigea le 2e bureau, ce qui, dans le jargon militaire, signifie le service de renseignements. Si l'ordre de mission défini par le gouvernement provisoire du général de Gaulle était clair dans ses grandes lignes – rétablir la souveraineté française dans les territoires de l'Union indochinoise –, les moyens pour y parvenir se distinguaient par l'immense flou qui les entourait. Disons, pour simplifier, parce que la nuance, à force de couper les cheveux en quatre, peut finir par brouiller la vision d'ensemble, au point de devenir parfois mauvaise conseillère, que les quelques hommes – le général Leclerc, Jean Sainteny et Grand-Père – chargés des négociations avec les Vietnamiens d'Hô Chi Minh d'un côté, les Chinois de Chiang Kai-shek de l'autre, se trouvèrent vite plongés dans un extraordinaire imbroglio.

Dans cette extrême confusion entraient les causes les plus diverses : les changements de ligne stratégique, en particulier après la démission du général de Gaulle au début de l'année 1946, l'imprécision des objectifs politiques assignés par les gouvernements successifs d'une IVe République déjà en proie à l'instabilité ministérielle, les rivalités de personnes, comme ce fut le cas entre le général Leclerc et l'amiral d'Argenlieu, et, bien sûr, mais comment le lui reprocher, le jeu ambigu et l'habileté d'Hô Chi Minh à défaire toutes les tentatives françaises de parvenir à un compromis. Je crois que c'est au cours des semaines passées à Tchoung King et des quelques mois qui suivirent que Grand-Père prit en grippe le personnel politique de la IVe République. Je sais aussi, parce qu'il me l'a souvent confié, qu'il fut très choqué par la cruauté qu'il avait pu observer chez les militaires japonais qui se trouvaient encore en Indochine avant qu'ils ne fussent désarmés, par la brutalité et la grossièreté de ses interlocuteurs chinois, et, de façon plus générale, par le peu de cas que l'on faisait de la vie humaine dans cette partie du monde. Tout cela heurtait profondément l'idée qu'il se faisait du devoir qui nous incombe lors de notre passage sur terre.

On sait ce qu'il advint finalement de cet intense épisode diplomatique qui occupa à temps plein ces deux intelligences exceptionnelles qu'étaient le général Leclerc et Jean Sainteny. L'effritement progressif du contenu des accords du 6 mars 1946, dits Hô-Sainteny, du nom de leurs deux signataires, dernière tentative pour sauver la paix et tenter de trouver un terrain d'entente entre le Viêt-minh et la République française, allaient inexorablement conduire à la guerre d'Indochine, qui débuta réellement à la fin de l'année 1946. Le général Leclerc demanda en avril 1946 à être relevé de ses fonctions, estimant n'avoir pas les coudées franches. En effet, alors que les va-t-en-guerre de tout poil reprenaient la main, Leclerc et Sainteny, partisans d'une négociation qui aurait permis d'ouvrir une voie médiane entre l'indépendance de l'Indochine et la préservation des intérêts français sur ce territoire que nos colons avaient amplement contribué à mettre en valeur, se voyaient peu à peu désavoués par les autorités politiques de Paris. La France sauta à deux pieds dans la guerre d'Indochine, une guerre qui allait durer trente ans…

Pour mon grand-père, hélas, l'aventure indochinoise ne s'arrêta pas là. En avril 1946, à l'issue de sa mission à Tchoung King, il avait été nommé adjoint du général Valluy, qui commandait alors les troupes d'Indochine du Nord. Lorsque Valluy remplaça Leclerc comme commandant supérieur des troupes françaises en Extrême-Orient en juillet 1946, Grand-Père lui succéda au poste de commissaire de la République pour le Tonkin et le Nord-Annam. Mais la politique de la canonnière voulue par les dirigeants de la IVe République et sa mise en œuvre par l'amiral d'Argenlieu heurtaient de front ses convictions personnelles et allaient à l'encontre de l'action diplomatique qu'il avait conduite en parfaite osmose avec Leclerc et Sainteny. Il demanda donc lui aussi à être relevé de ses fonctions – ce qui lui fut refusé pendant près d'un an. Lorsqu'il fut enfin de retour dans la métropole, en 1947, il n'eut de cesse de faire valoir auprès de ses supérieurs et des autorités politiques la ligne qui avait toujours été celle de Leclerc, de Sainteny, et qui était aussi, par profonde conviction, la sienne : non pas renoncer à l'Indochine, mais traiter avec Hô Chi Minh pour sauver ce qui pouvait encore l'être. Et, surtout, éviter par tous les moyens de repartir en guerre !

À l'ombre des tilleuls

Il lui fallait désormais reconstruire sa vie. Maintenant, c'était une certitude. Cela devenait même la priorité entre toutes. Plus que cela : c'était une mesure d'urgence, de sauvegarde, de survie. Parfois, il se prenait la tête dans les mains et il essayait de voir les choses du bon côté. Mais rien n'y faisait. Lorsqu'il regardait ce qu'il avait fait de sa vie, et qu'il contemplait le peu qu'il en restait, il se sentait au bord des larmes, mais il se reprenait aussitôt parce qu'il ne détestait rien tant que de s'apitoyer sur soi-même.

Il fallait pourtant bien reconnaître que tout avait tourné au désastre. Tout ce qui comptait à ses yeux n'était plus qu'un vaste champ de ruines, un long spectacle monotone de tristesse et de désolation comme ceux qu'il avait pu entrevoir, au sens propre du terme, depuis plusieurs années, au cours des campagnes auxquelles il avait été amené à participer en Afrique, en Europe et en Asie. Comme des millions d'autres, sa famille avait été rattrapée par la guerre et plongée contre son gré dans le chaudron bouillant de l'Histoire. Tout ce qu'il s'était efforcé de construire avait été dévasté. Et puis, après avoir vaincu l'hitlérisme, et cela n'avait pas été une mince affaire – il avait fallu que le monde entier s'y mette –, il y avait maintenant les inconséquences de cette IVe République et de tout ce personnel politique indigent, incapable, affairiste, comme toujours, qui prétendait tout régenter désormais, alors que l'on aurait bien aimé savoir ce qu'ils faisaient tous, lorsqu'il fallait se battre, et que le pays sombrait lentement dans l'abîme, sans capitaine ni matelots, et heureusement qu'il y avait eu le général de Gaulle, Leclerc et quelques autres pour remettre de l'ordre dans tout ce merdier. Oui, décidément, il n'éprouvait que du mépris pour ces hommes politiques qui étaient presque tous des lâches.

Il refaisait en lui-même un point de la situation, à la manière calme et posée dont il concevait, lorsqu'il combattait dans le désert, une salve de tirs de canons sur une carte d'état-major, en toute lucidité, sans affect ni parti pris, et il fallait bien s'avouer que le résultat n'était vraiment pas brillant. Sa femme, qu'il aimait avec passion, était morte, en grande partie par sa faute, et ses deux filles de onze et neuf ans se retrouvaient orphelines. Il éprouvait de profonds remords, d'ailleurs, dès qu'il pensait à elles, et c'était un sentiment terrible, insidieux, qui ne vous quittait jamais, qui s'insinuait comme une poisse entre la peau et les vêtements. Il ne les avait pas vues depuis sept ans, ni l'une ni l'autre, à l'exception d'une semaine passée avec elles en Picardie avant qu'il n'embarque avec Leclerc pour l'Indochine et qu'il ne les confie à sa mère. Il se faisait la réflexion amère qu'il n'avait pas eu le loisir de les voir grandir. Parviendrait-il un jour à rattraper tout ce temps perdu avec elles ? Lui pardonneraient-elles sa si longue absence ?

C'était bien beau d'être l'un des deux ou trois plus jeunes colonels de l'armée française, Compagnon de la Libération et commandeur de la Légion d'honneur à trente-quatre et trente-cinq ans, sans compter une batterie d'autres décorations bien plus flatteuses et fournies que celles de tous ces généraux qui s'étaient planqués pendant la guerre et qui frappaient désormais à la porte des états-majors en exigeant, compte tenu de leur ancienneté, des postes et des promotions. Encore fallait-il s'occuper de ceux qu'on aime. Et, surtout, les protéger. Or, de ce point de vue, il avait été au-dessous de tout. Comment rattraper tout cela ? À force de vouloir sauver la France, il avait laissé sa vie personnelle se déliter peu à peu. Non, il n'était vraiment pas fier de lui lorsqu'il pensait à tout cela. Mais cela, il ne pouvait le dire à personne, pas même à sa propre mère.

Parfois, il se remémorait les jours heureux d'avant la guerre, et il repensait alors à ces journées de bonheur à Tientsin, à sa femme qui portait toujours un chapeau lorsqu'ils partaient se promener dans les rues du quartier européen, et il se moquait gentiment d'elle à cause de cela, et elle se récriait en lui tapotant le bras, c'en était presque devenu un jeu entre eux, mais il cessait très vite de la taquiner parce qu'elle avait un geste de la main si plein de grâce et de délicatesse pour retenir sa coiffe dès qu'il y avait un coup de vent que cela le faisait fondre. Il repensait au Pope, son beau-père, qui l'avait si bien accueilli dans sa famille. Le Pope ne le lui dirait jamais parce qu'il était intelligent et bien élevé, mais, il en était sûr, d'ailleurs il avait cru le lire dans ses yeux, son beau-père n'aurait pu imaginer un seul instant que son gendre abandonnerait ainsi sa fille au milieu du danger. Il faudrait qu'il parle un jour au Pope, il fallait absolument le faire, mais il ne savait pas trop comment s'y prendre avec son beau-père, lui qui ne savait déjà pas comment s'adresser à un père, ayant perdu le sien alors qu'il était encore un enfant.

En ces moments-là, il revoyait aussi sa fille aînée, Françoise, la brune, dans son landau que poussait sa femme devant le perron de la maison de Bernaville. La seconde, Bernadette, qui avait de si jolis cheveux blonds, n'était jamais loin de sa sœur. Une photo d'elles, que lui avait confiée sa mère juste avant son départ pour l'Extrême-Orient, l'avait accompagné pendant les deux années passées en Indochine… Sur cette photo, ses deux filles, toutes deux vêtues d'un caban bleu marine, avec un joli serre-tête dans les cheveux, esquissaient un léger sourire, et c'était sans doute la raison pour laquelle sa mère, qui était si pleine de tact, lui avait donné ce cliché en noir et blanc. À les regarder, elles donnaient presque l'impression d'être heureuses. Cette photo, il l'avait contemplée tous les jours, même les nuits où, à Tchoung King, il rentrait de ces interminables dîners avec ces officiels chinois qui s'efforçaient de le pousser à la faute en essayant de le soûler à coups de verres d'alcool de riz avalés d'un trait et de toasts au cognac portés à l'Indochine, à Chiang Kai-shek et à l'amitié franco-chinoise. Lorsqu'il rentrait la nuit, il s'en souvenait très bien, il fallait traverser tout un quartier désert, à peine éclairé, et il n'était pas rare d'y croiser des bandes de voyous aux mines patibulaires. À chaque fois, il se demandait si sa fin n'était pas arrivée. Ce n'est pas qu'il avait peur, non, il aurait vendu chèrement sa peau s'il avait fallu les affronter, mais il savait que de nombreux Européens avaient été assassinés sur ordre dans ce quartier résidentiel qui était en réalité un coupe-gorge. Or il n'avait pas été autorisé à conserver son arme sur le territoire chinois. Mon Dieu, qu'il avait détesté toute cette période ! Mon Dieu, qu'il était content, malgré tout, d'être rentré en France.

C'est au cours de cette année 1947, de retour au pays, que mon grand-père se remaria. Comme nombre d'unions de ce temps-là, son mariage avait été conçu et arrangé par des puissances extérieures. Lors d'une partie de bridge à la campagne, près de Fontainebleau, chez celle qui allait devenir la couturière Nina Ricci, des cousins avaient fait la connaissance d'une jeune femme, aux cheveux d'un exquis blond vénitien, restée célibataire, dont la famille vivait des revenus de ses terres dans l'immense plaine briarde. Une rencontre fut organisée entre les deux jeunes gens dans l'ancienne place forte romaine, devenue par la suite une opulente ferme fortifiée, où vivait avec ses parents, son frère et sa sœur, celle qui deviendrait ma grand-mère, et que j'ai tendrement aimée. Je me suis souvent représenté en pensée leur rencontre dans cette maison où était né, en 1210, un certain Simon de Brie, futur pape Martin IV.

Après le déjeuner qui s'était tenu dans l'imposante salle à manger, le café avait été servi dans le salon aux murs desquels pendaient à profusion dagues et hallebardes. La conversation avait sans doute été consacrée pour une large part à la guerre, celle de 39-45, bien sûr, mais aussi celle d'Indochine, qui était présente dans tous les esprits. Ils avaient dû également échanger quelques souvenirs sur leurs familles respectives, comparer la monotonie des paysages de plaine de leurs régions natales et disserter sur la qualité de la terre en Brie et Picardie, s'interroger sur le rendement de la prochaine moisson et, surtout, évoquer avec passion leurs parties de chasse et leurs tableaux les plus mémorables.

Puis, d'après le récit qui m'en a été fait, mon grand-père, encore jeune puisqu'il avait moins de quarante ans, d'une haute stature et d'une belle prestance dans son uniforme parfaitement repassé par son ordonnance, avait franchi avec sa fiancée l'ancien pont-levis, avant de déambuler, sous l'œil vigilant des autorités organisatrices, dans les allées du jardin, s'arrêtant à l'ombre d'un tilleul deux fois centenaire, s'inclinant pour cueillir trois paquerettes, ou commentant la poussée de sève, lui qui aimait tant les arbres et les jardins, d'un séquoïa en pleine croissance… De temps à autre, il regardait sans détour cette jeune femme dans les bras de laquelle tout le monde le poussait, et qui, de son côté, l'observait à la dérobée. Simone, puisque tel était son prénom, avait parfois un mouvement de recul, comme s'il venait de dire quelque chose qui l'effarouchait. Elle était grande, elle était belle. Elle avait une classe folle, avec ses longs cheveux ramenés en chignon à la manière de Louise de Vilmorin. Il se souvint d'un vers de Saint-John Perse qui l'avait frappé lorsqu'il l'avait lu avant la guerre : « Un homme est dur, sa fille est douce. » Quelle était la suite, déjà ? Il fouillait dans sa mémoire. Il aimait bien la poésie de Saint-John Perse, même si celui-ci se laissait aller un peu trop souvent à écrire en grandes pompes. Quel dommage qu'il eut tant manqué de courage pendant la guerre. Quand même, Morand, Saint-John Perse et Giraudoux, quel gâchis ! À croire que les diplomates étaient dépourvus de cran, de ce trait de caractère qui s'appelle la trempe et qui peut, à lui seul, renverser une situation en apparence compromise. Mais étaient-ils diplomates ou écrivains, d'ailleurs ? Les écrivains, il les connaissait moins bien, mais ils n'avaient pas brillé non plus par leur empressement à combattre. Heureusement qu'il y avait eu Malraux et Gary pour sauver l'honneur de la corporation des lettres françaises. Ça y est, il avait retrouvé la suite du vers de Saint-John Perse : « Un homme est dur, sa fille est douce. Qu'elle se tienne toujours à son retour sur la plus haute marche de la maison blanche. » Le soleil éclairait doucement la façade du logis central. Des orangeades avaient été servies sur une jolie table de jardin en fonte, qui se trouvait un peu plus loin, à l'ombre des tilleuls, et il pouvait entendre les oiseaux gazouiller dans l'air fluide et léger. Elle venait de rire, et cela lui procura une réelle joie. Peut-être que tout pouvait recommencer, après tout ? Il se connaissait bien, depuis le temps qu'il vivait avec lui-même. Il savait qu'il était en train de tomber amoureux. Oui, c'était enfin le retour des jours heureux.

Il lui restait à trouver un toit. À l'époque, Grand-Père était logé dans un appartement de la rue de Rivoli qui appartenait à un officier de ses amis. Mais il n'était pas question, dans son esprit, de s'installer dans le provisoire, qui avait bien trop duré. Il acquit donc, au cours de cette même année 1947, un appartement entre la Muette et le Trocadéro, où j'ai passé mon enfance et mon adolescence avec mes trois sœurs, et où vivent encore aujourd'hui mes parents. Avec ma nouvelle grand-mère, ils inscrivirent ma mère et ma tante à l'Institut de la Tour, une école tenue par les sœurs de Sainte-Clotilde, qui se trouvait à quelques rues de chez eux. Les choses rentraient dans l'ordre. La vie retrouvait peu à peu ses droits. Bien que la guerre froide entre le bloc des pays de l'Est et ceux qui allaient bientôt former l'Alliance de l'Atlantique Nord atteignit cette année-là son intensité maximale, la mise en œuvre du plan Marshall n'allait pas tarder à produire ses effets. La France se reprenait lentement à sourire et à espérer, pressentant pourtant confusément qu'elle n'en avait pas fini avec les guerres coloniales.

Notes confidentielles

J'ai sous les yeux, à l'instant où j'écris ces lignes, deux documents internes de l'armée française évaluant les compétences et le comportement de mon grand-père durant les années que je viens d'évoquer. Ces documents se présentent sous la forme d'appréciations rédigées par ses supérieurs – son carnet de notes, en quelque sorte, vraisemblablement obtenu par lui auprès du Bureau des généraux, ce service de l'armée française qui consigne tous les actes des officiers de la haute hiérarchie, ainsi que les commentaires portés sur leur action. Mes parents avaient retrouvé ce document à la mort de mon grand-père, en triant ses papiers, constitués en grande partie de notes personnelles, d'éléments de correspondance, ainsi que d'instructions ou de documents estampillés Secret Défense, provenant de ses supérieurs ou émanant de ses propres services lorsque lui-même fut parvenu au sommet de la hiérarchie militaire. Le premier de ces documents est manuscrit et émane de la main même du général Leclerc ; le second est tapé à la machine. Je les porte à la connaissance du lecteur parce que j'estime qu'ils éclairent certaines facettes de la personnalité de mon grand-père que je n'ai pas encore évoquées – ou même, pour certaines, que je n'ai pas eu le loisir d'observer, n'étant pas lié à lui par des motifs de service. Je les livre aussi parce qu'ils permettent de comprendre comment Grand-Père était perçu par ses supérieurs et qu'un long commentaire du général Leclerc sur un officier de premier plan n'est jamais indifférent. Enfin, je suis frappé par la finesse des observations psychologiques et la qualité de l'expression écrite dans ce qu'il faut bien qualifier de fiches, à la manière de celles que rédigeaient les services des ex-Renseignements généraux. Par ailleurs, il me semble très intéressant de noter le vocabulaire utilisé, en ce qu'il traduit parfaitement les points de vue et préjugés de cette époque.

Ces deux documents sont datés du 16 février 1946, et ont été rédigés à Saïgon. Il s'agit, très vraisemblablement, de la demande effectuée par le général Leclerc auprès des autorités militaires de Paris d'accorder à Grand-Père ses étoiles de général.

Le premier document est donc rédigé de la main de Leclerc, dont la fine écriture, serrée et penchée en avant, rappelle souvent, par son graphisme, celle du général de Gaulle. En voici le contenu :

« Connaissant bien le colonel Crépin puisqu'il a rempli, sous mes ordres, les fonctions les plus variées, je le considère comme un officier de tout premier ordre, comme il en existe peu.

Comme chef d'artillerie de division blindée, il suscita l'admiration des Américains qui ne craignaient pas de lui demander des conseils fréquents à l'échelon Corps d'armée.

Le colonel Crépin est un organisateur et un travailleur de premier ordre, en outre très brave au feu.

Bien que jeune d'âge, il doit être poussé, dans l'intérêt de l'armée.

Proposition particulièrement appuyée.

Signé : « Leclerc, Général de Corps d'armée, Commandant supérieur des Troupes françaises en Extrême-Orient. »

Le second document est un résumé des notes obtenues par Grand-Père antérieurement à cette proposition d'avancement. Le voici, dans son intégralité :

« 1940. Comme capitaine.

Officier d'avenir. Qualités d'artilleur de côte qu'il n'est plus besoin de mettre en valeur. L'un de ceux connaissant le mieux toutes les questions se rapportant au matériel et au tir de côte.

À montré au moment du ralliement du Cameroun la finesse et la franchise de ses sentiments.

Très strict et très exigeant, peut se permettre de demander de gros efforts à ses inférieurs, car il est lui-même très travailleur et très consciencieux.

Signé : Capitaine Laurent-Champrosay. »

« 1941. Comme capitaine et chef d'escadron.

Excellent officier supérieur. Actif et énergique.

Technicien de valeur à qui sont dues toutes les réalisations de l'artillerie de côte de la colonie.

Moral élevé, tenue parfaite.

Signé : Général Serres, commandant l'artillerie en Afrique française libre. »

« 1942. Comme chef d'escadron.

Le commandant Crépin exerce le commandement du Groupe de côte depuis qu'il a entièrement créé cette formation : il a en effet une part essentielle, non seulement dans la construction des batteries où il a déployé tout son esprit inventif et toute sa science de la matière pour faire, autant dire avec rien, des modèles du genre, mais aussi dans l'organisation des unités et le dressage du personnel.

Toujours avide de se dépenser, bourreau de travail qui n'en a jamais assez, le commandant Crépin se lamente d'en manquer et, ayant réalisé cette œuvre, désire passer à une autre où je ne doute pas qu'il ne réussisse aussi bien.

Signé : Général Serres, commandant supérieur par intérim des forces d'Afrique française libre.

Officier de tout premier ordre. Technicien remarquable de l'Artillerie de côte et de campagne. Réalisateur acharné. Caractère entier. De très grande classe.

Signé : Colonel Dunois, commandant l'artillerie des forces de l'A [mot illisible]. »

« 1944. Comme lieutenant-colonel.

Officier de premier ordre au point de vue technique et au point de vue moral. Doit être nommé colonel.

Remplit parfaitement les fonctions de commandant l'artillerie divisionnaire de la 2e DB.

Signé : Leclerc. »

« 1945. Comme colonel.

Je ne saurais assez insister sur les services rendus par le colonel Crépin au cours des campagnes de France et d'Allemagne. Les succès de la 2e DB ont été dus en grande partie à son artillerie formée et manœuvrée par le colonel Crépin. Il joint une connaissance parfaite de son arme à un sens hardi de la décentralisation quand il le faut. Il prévoit et devine sans cesse l'évolution nécessaire de la tactique. Il a fréquemment commandé, en fait, des artilleries de Corps d'Armée, les chefs américains s'inclinant devant sa valeur. Enfin, ses qualités de commandement le rendent apte à un commandement de toutes armes.

Officier de grande classe.

Signé : Leclerc. »

Pourquoi, et comment, en se voyant décerner de tels éloges, en particulier par le général Leclerc, chef militaire aussi exceptionnel qu'incontestable, sans aucun doute le plus brillant et le plus prestigieux soldat de son époque, Grand-Père a-t-il pu végéter par la suite durant de si longues années au rang de colonel, puis au grade de général de brigade ? À son retour en France, il fut d'abord affecté à l'état-major du général Leclerc, où il joua le rôle de conseiller politique pour les affaires d'Indochine. Hélas, trois fois hélas, le chef de la 2e DB disparut tragiquement au mois de novembre 1947 – et il me faut ici procéder à une digression parce qu'elle illustre, à travers un puissant symbole militaire et sa traduction en termes protocolaires, la parfaite proximité, reconnue par tous au sein de l'armée française, qui existait alors entre le général Leclerc et celui qui commanda l'artillerie de sa célèbre Division. Au cours de la grandiose cérémonie d'obsèques nationales décrétée par la IVe République en l'honneur du libérateur de Paris et de Strasbourg, cérémonie qui dura plusieurs jours et à laquelle assistèrent des centaines de milliers de Parisiens, on vit, servant de catafalque, le char d'artillerie Alsace, qui emportait la dépouille mortelle du chef de la 2e DB, escorté d'un escadron de motards et de deux chars du 501e RCC (Régiment de Chars de combat), remonter lentement l'avenue des Champs-Élysées jusqu'au pied de l'Arc de triomphe, où il se rangea et s'arrêta devant la tombe du Soldat inconnu. Comme en témoignent de nombreuses photos prises ce jour-là devant le monument destiné à célébrer la gloire des armées françaises, au cours de ces longues minutes de silence et de gravité, à peine troublées par les rafales du vent glacé de novembre qui s'engouffrait entre les piliers de l'Arc de triomphe – photos sur lesquelles on voit Grand-Père à côté du cercueil, figé dans un garde-à-vous de gisant, haute et large silhouette immobile, le teint livide, le visage ravagé par l'émotion de l'instant et le chagrin du deuil –, c'est à lui, ayant été choisi et désigné par ses pairs pour être l'officier placé à la droite du char Alsace, que revint en effet le douloureux privilège de rendre une dernière fois les honneurs militaires à ce général picard qui avait lavé l'affront de la défaite de 1940.

À la mort du général Leclerc, donc, mon grand-père avait été affecté à l'Inspection générale des Forces armées, puis il avait été nommé directeur adjoint des Troupes coloniales. Autant dire qu'il avait été mis au placard. C'est au début de l'année 1950 seulement qu'il fut promu général de brigade – et encore dut-il ce rattrapage à son vieil ami René Pleven, Compagnon de la Libération lui aussi, qui avait été mandaté par le général de Gaulle en même temps que Leclerc et Boislambert pour ramener l'Afrique équatoriale française dans le giron de la France libre, et dont le rôle avait été décisif dans le ralliement du Tchad lors des « Trois Glorieuses » de 1940. Lorsqu'il fut nommé ministre en charge de la Défense et des Armées dans le gouvernement de Georges Bidault en octobre 1949, Pleven s'empressa en effet de nommer Grand-Père auprès de lui, en tant que chef d'état-major du ministre de la Défense nationale. L'année suivante, René Pleven ayant succédé à Georges Bidault en tant que chef du gouvernement, il le garda à ses côtés et le nomma chef du cabinet militaire du président du Conseil.

En réalité, et mon grand-père m'en a souvent parlé, sans colère ni amertume, ce qui mérite d'être souligné, il payait ses prises de position sur la politique menée en

Indochine. À partir de 1950, il fut très souvent sollicité, et même sommé de repartir pour l'Extrême-Orient. Le général de Lattre intervint personnellement par trois fois auprès de René Pleven, alors président du Conseil, pour que Grand-Père l'y accompagnât. Par trois fois, l'artilleur de Leclerc refusa. Puis le Haut Commandement chercha à l'y affecter d'office. Il fit répondre qu'il obéirait, certes, puisqu'il était un soldat, mais qu'il démissionnerait de l'armée après six mois de séjour en Indochine. Lui expliquait-on que sa présence sur ce théâtre d'opérations était nécessaire, au motif qu'il fallait changer les hommes pour insuffler un sang neuf dans les esprits et déployer une énergie nouvelle afin de sortir de l'enlisement, il répondait : « Etes-vous décidé à changer de politique ? » Malgré tout le poids que lui donnait son immense prestige, Leclerc n'était pas parvenu à freiner les ardeurs belliqueuses du personnel politique de la IVe République. Trois ans plus tard, avec une aura infiniment plus modeste, Grand-Père n'aurait pu arrêter la marche en avant qui était déjà enclenchée. Il en était plus que conscient.

La conséquence fut qu'il resta bloqué au grade de général de brigade pendant sept ans quand le laps de temps moyen, à l'époque, pour obtenir une troisième étoile et devenir général de division était de deux ans à trois ans maximum. Le Haut Commandement pensa dans un premier temps pouvoir faire plier mon grand-père par la menace, puis, dans un second temps, l'avoir à l'usure, par lassitude en quelque sorte, enfin, dans un troisième temps, en lui faisant miroiter la perspective d'une troisième étoile. C'était oublier qu'on ne fait pas plier un Picard – et encore moins un Picard nommé Crépin.

Pourtant, avec son simple képi à deux étoiles de général de brigade, il exerça durant toutes ces années-là de hautes responsabilités, à l'évidence sans rapport avec sa position dans la hiérarchie militaire. Qu'on me permette de les citer sans les développer outre mesure parce qu'elles sont arides ou techniques. Elles furent d'ailleurs menées, pour certaines d'entre elles, dans le plus grand secret. Les historiens actuels en prennent conscience depuis quelques années seulement, disposant enfin d'un libre accès aux archives Secret Défense, qui sont peu à peu déclassifiées.

Ainsi exerça-t-il la fonction de secrétaire général adjoint de la Défense nationale en 1954, puis celle, infiniment plus délicate, de secrétaire général de la Défense nationale au moment de l'Affaire des fuites. Au cours de cette même année 1954, il fut également secrétaire du comité ministériel restreint pour l'Indochine au moment de la bataille et de la chute de Diên Biên Phu, puis nommé membre du Comité Forces (un comité restreint qui était chargé, sous le contrôle du chef d'état-major des Armées, de définir les structures futures des armées de terre et de l'air, ainsi que de la Marine).

Il fut aussi, et surtout, de 1955 à 1958, président du Comité des explosifs nucléaires, instance dont l'existence était secrète, et il fut chargé à ce titre – par Pierre Mendès France, qui, sur ce dossier extrêmement sensible, avait épousé la même ligne politique que le général de Gaulle – de lancer et coordonner les études en vue de la réalisation d'une bombe atomique. Avec Pierre Guillaumat, son camarade de promotion à Polytechnique, qui était alors administrateur général du Commissariat à l'énergie atomique (CEA), et deviendrait par la suite le premier ministre des Armées du général de Gaulle, et Bertrand Goldschmidt, qui dirigeait le département Chimie du CEA, ils contribuèrent à doter la France de l'arme atomique, condition absolument indispensable à son indépendance en pleine guerre froide. Ils sont tous les trois considérés aujourd'hui par les historiens comme les pères de l'arme nucléaire française.

Simultanément, Grand-Père avait été nommé Inspecteur général des fabrications et programmes des Forces armées avec droit de regard sur tous les programmes d'armement en cours et, surtout, avec la mission de préparer l'avenir en définissant et en imposant aux trois armées un programme cohérent de missiles et d'engins tactiques (sol-sol, sol-air, air-air, air-sol). C'est en occupant ce dernier poste qu'il donna sa pleine mesure, réorganisant dans sa totalité l'industrie de l'armement français et donnant une impulsion décisive à notre politique de développement de systèmes d'engins.

Alors pourquoi ses supérieurs et le pouvoir politique le sanctionnèrent-ils avec tant de sévérité, le barrant systématiquement du tableau d'avancement au point qu'il finit, au bout de sept ans, par devenir numéro un de la liste par ordre d'ancienneté des généraux de brigade, position qui équivalait normalement à la mise à la retraite à ce grade ? Pour n'importe quel observateur un tant soit peu judicieux, ou tout simplement au fait des plus banales questions de psychologie, il apparaissait assez vite que mon grand-père était un homme de caractère affirmé et de convictions tranchées. Son opiniâtreté, sa ténacité face à l'adversité, son acharnement dans la lutte, acharnement qui pouvait parfois tourner à l'obstination, bref, ce côté tête de pioche, absolument indéniable, qui fit merveille dans les heures de grande difficulté, mais qui n'était certainement plus de mise en temps de paix, n'explique pas tout.

En vérité, les hommes constituant le personnel politique de l'après-guerre, souvent issus de la IIIe République, avaient, on le sait, retrouvé avec une intense jubilation et une immense volupté les délices et poisons de la vie qu'ils aimaient mener : leurs si subtiles combinaisons, leurs laborieuses mais prometteuses tractations, leurs convictions à géométrie variable, sans oublier les incessantes trahisons, si peu condamnables à leurs yeux d'un point de vue moral qu'elles étaient justifiées par la nécessité de nouer des alliances de circonstances afin de pouvoir gouverner. Obnubilés par la guerre froide et le projet de Communauté européenne de Défense, incapables de prévoir l'ampleur et les conséquences que prenaient les conflits coloniaux, encore moins de s'entendre sur la politique à mener pour éteindre ces soulèvements populaires qui se propageaient comme une traînée de poudre, totalement dépassés par ces guerres révolutionnaires d'une nouvelle nature, si bien analysées pourtant, dès ces années-là, par le colonel Roger Trinquier, théoricien de la guerre subversive et des opérations de contre-guérilla – mais il est vrai qu'il n'était pas en cour dans les hautes sphères –, les barons de la vie politique de l'époque n'avaient qu'une crainte, qu'une obsession, qu'un fantasme : la prise du pouvoir par ces centurions qui se battaient dans la jungle et les rizières d'Indochine avec leurs légions de soldats professionnels et qui, plus tard, poursuivraient le combat dans les djebels, les oueds et les médinas d'Algérie, avec le cynisme et le désespoir de ceux qui se sentent trahis.

Jugés plus dangereux encore que ces jeunes officiers qui commençaient à se forger une trempe dans le delta du Mékong ou les forêts profondes et hostiles du Tonkin, il fallait surveiller de près tous ces officiers gaullistes qui avaient acquis tant de prestige sur les troupes. Ils étaient suspectés en bloc de souhaiter un régime plus autoritaire et d'être, en quelque sorte, enclins au césarisme. D'ailleurs ne travaillaient-ils pas en secret au retour du chef de la France libre au pouvoir ? N'y avait-il pas parmi eux des agents du RPF (Rassemblement du peuple français), ce parti créé en 1947 par Charles de Gaulle, et dont André Malraux était le formidable tribun ? Il fallait à tout prix les tenir à l'écart des postes de responsabilité. Pour cela, la IVe République put s'appuyer sur le zèle de la hiérarchie militaire traditionnelle, celle qui s'était planquée pendant la guerre, et qui tenait enfin sa revanche. Et celle-ci entendait bien rattraper le retard pris pendant cinq ans au tableau d'avancement !

La réalité historique est là. Lorsque des faits similaires se produisent avec la même constance dans un laps de temps réduit, au point de prendre une ampleur inhabituelle par leur répétition, comme par le nombre de personnes constituant l'échantillon, ils deviennent des statistiques. Comment expliquer autrement que par une décision politique dûment mûrie et concertée le fait que les meilleurs officiers de l'époque, ceux qui avaient prouvé pendant cinq ans leur valeur sur les champs de bataille les plus divers, des confins de l'empire jusque sur le sol français, furent systématiquement écartés des postes opérationnels ou rangés dans des placards dorés après les morts de Leclerc et de Lattre ? Je ne souhaite pas alimenter de vieilles et inutiles polémiques mais il est indéniable que la IVe République a procédé à une véritable purge parmi les cadres de l'armée issus de la France libre, purge si draconienne et féroce qu'on peut la qualifier, sans exagérer, de tentative d'épuration du gaullisme militaire. Elle l'a fait avec une grande habileté, l'air de rien, l'air de ne pas y toucher, à sa manière, si typique des mœurs du radical-socialisme et de la démocratie chrétienne de l'époque, mélange de finesse politicienne et de cynisme d'après-déjeuner, avec cigares et verre de cognac à la main pour délier l'esprit, aiguiser la perspicacité et exalter les plus subtiles combinaisons, exfiltrant par le haut les officiers généraux qu'elle gava d'honneurs pour les faire taire, écartant dans le même mouvement les officiers supérieurs, tous ces colonels dont il a été question jusqu'ici, d'autant plus redoutables, aux yeux de ce personnel politique usé et fatigué, qu'ils étaient encore jeunes, animés par leur idéal d'une France libre et qu'ils croyaient sincèrement détenir chacun une étincelle de la flamme du gaullisme ou de la Résistance. On compte sur les doigts d'une main les officiers gaullistes qui obtinrent des promotions ou des commandements à leur mesure durant cette parenthèse d'une bonne dizaine d'années.

Algérie, les larmes aux yeux

Ce chapitre pourrait être sous-titré : « Quand les colonels bravent l'autorité de leurs généraux ». Car ce fut, au fond, ce qui distingua, du point de vue de l'armée française, cette guerre des précédentes qu'elle avait eu à livrer. Dans toute cette histoire, mon grand-père ne fut pas aux premières loges, comme on peut le dire d'un spectateur qui occupe une position en surplomb, à la fois imprenable et confortable, permettant de saisir toute la subtilité de l'intrigue qui se déroule sous ses yeux, mais dans la fosse, là où se déroulent les combats, à mains nues, au milieu des lions et des gladiateurs. Il fut en effet un acteur important de cette tragédie qui se déroula en plusieurs scènes et autant d'actes.

S'il avait refusé de servir en Indochine, jugeant cette guerre perdue d'avance et s'obstinant ensuite dans ses certitudes, Grand-Père se porta immédiatement volontaire pour l'Algérie, dès lors que fut engagée de manière irréversible la politique française de développement de systèmes d'engins dont il avait la charge, et achevée l'organisation européenne de production du système d'armes sol-air Hawk, dont la maîtrise d'œuvre revenait à la France. Le sort de plus d'un million de Français se jouait de l'autre côté de la Méditerranée. Grâce à l'appui de son ami Pierre Guillaumat, devenu ministre des Armées à la faveur du retour au pouvoir du général de Gaulle, et avec l'aide du général Ely, chef d'état-major des Armées, il fut affecté au début de l'année 1959, avec l'accord du général Challe, qui commandait en chef en Algérie, au corps d'armée d'Oran, en attendant qu'un commandement de zone devienne disponible. Il participa activement, à travers ce qu'on appelait à l'époque la bataille des Barrages, au plan Challe, série d'opérations de grande envergure dont l'objectif était double : asphyxier sur le terrain le FLN algérien (Front de libération nationale) et rendre imperméables les frontières de l'Algérie pour empêcher les unités de l'ALN algérienne (Armée de libération nationale) de se réfugier dans les pays voisins.

Et puis, tout s'accéléra de manière folle, et les événements s'enchaînèrent comme dans une chute vertigineuse, sans que rien puisse freiner ni adoucir la fin d'une histoire qui se devait sans doute d'être tragique. Après le discours du général de Gaulle du 16 septembre 1959, où il évoquait pour la première fois la possibilité de l'autodétermination pour le peuple algérien, les esprits s'échauffèrent. Ceux-là mêmes qui, le 13 mai 1958, avaient œuvré, en coulisses ou au grand jour, pour empêcher une IVe République exsangue de laisser filer le sort de l'Algérie, prirent parti contre celui dont ils avaient précipité le retour au pouvoir. Une situation à fronts renversés, en quelque sorte. C'est à ce moment-là, au début du mois d'octobre 1959, que Grand-Père fut élevé aux rang et prérogatives de général de corps d'armée, sans que jamais il sût par la suite s'il devait cette promotion si rapide à la satisfaction du général Challe devant les résultats obtenus dans la zone du sud-oranais ou au général de Gaulle et à son ministre Guillaumat en raison de ses activités antérieures, liées à la mise au point de la bombe atomique française.

Puis, quelques mois plus tard, dans une atmosphère d'incandescence des opinions, ce fut l'épisode de l'interview concédée par le général Massu à un journal allemand, dans laquelle le commandant du corps d'armée d'Alger semblait prendre ses distances avec la politique du gouvernement, et qui mit le feu aux poudres. Massu, ce vieux baroudeur, vétéran de la 2e DB, à l'image de son ancêtre, le maréchal Ney, surnommé en son temps le Brave des braves, se vit sèchement limogé par le général de Gaulle. Et ce fut Grand-Père, qui pensait et espérait obtenir le commandement du corps d'armée de Constantine, que le gouvernement désigna pour remplacer son vieil ami et compagnon de combat de la 2e DB à la tête du corps d'armée d'Alger, alors qu'une foule d'insurgés, emmenée par Joseph Ortiz, fondateur du Front national français, l'avocat Pierre Lagaillarde et l'étudiant Jean-Jacques Susini, déclenchaient, pour protester contre le départ de Massu, présenté à l'opinion comme un partisan de l'Algérie française, ce triste épisode entré depuis dans l'Histoire sous le nom de Semaine des barricades.

Le commanditaire d'une opération de guerre ou de renseignement peut-il raisonnablement espérer qu'un agent parachuté dans – passez-moi l'expression – un tel merdier soit en mesure de s'imposer sans délai sur le terrain ? Ce fut pourtant la dangereuse mission de confiance – impossible, ou presque, à remplir – qu'assigna le général de Gaulle à mon grand-père, qui débarqua à Alger la veille du déclenchement de l'insurrection algéroise, précédé de la réputation d'être un gaulliste pur et dur, issu du canal historique, tendance autoritaire, pour ne pas dire intransigeant et, pire encore, partisan de l'indépendance de l'Indochine, et donc a priori insensible aux arguments des tenants d'une Algérie qui resterait française. Avec le général Challe, alors commandant en chef des Forces françaises en Algérie, pour qui mon grand-père éprouvait des sentiments de profonde estime nourris par une véritable sympathie réciproque si j'en crois la teneur de nos conversations, or je suis assez sûr de mes souvenirs, ils firent l'un et l'autre tout leur possible, parce que la responsabilité leur en incombait, assistés pour la circonstance par Paul Delouvrier, incarnation du pouvoir civil à Alger, pour tenter d'endiguer, puis de canaliser les velléités belliqueuses qui s'exprimèrent chaque jour, chaque matin, chaque après-midi, et presque à chaque instant, de cette folle semaine qui vit des Français tirer sur des Français.

Aujourd'hui, alors que la plupart des acteurs de ces événements ont livré leur témoignage et que les historiens ont établi la part de la vérité et des affabulations, on sait très précisément ce qu'il se passa alors. Lorsqu'il débarqua en pleine tourmente à la tête du corps d'armée d'Alger, Grand-Père hérita de l'état-major du général Massu, dont le chef était le colonel Antoine Argoud, officier d'élite, reconnu pour son extrême intelligence, ancien de l'école Polytechnique, sur lequel il espérait pouvoir s'appuyer. Or, ce fait est aujourd'hui avéré et reconnu par tous, les colonels Argoud et Gardes étaient précisément en train de fomenter, avec Ortiz et Lagaillarde, la révolte de janvier 1960 à Alger, sans que jamais ils tinssent informés leurs supérieurs de leur initiative, allant jusqu'à dépêcher auprès des insurgés un agent de liaison en la personne du capitaine Filippi. Intoxiqué de politique, comme tant d'autres officiers de haut rang de l'époque qui avaient été traumatisés par l'abandon de l'Indochine et les épreuves subies dans les camps de rééducation du Viêt-minh, le colonel Argoud était de ces soldats rompus à la rhétorique révolutionnaire et acquis aux méthodes de la guerre et de l'action psychologique, au même titre que les colonels Gardes, Godard, Broizat ou Lacheroy. Tous les cinq allaient d'ailleurs se retrouver à la manœuvre, quinze mois plus tard, lors du putsch des généraux, dont ils furent les véritables instigateurs, avant de s'imposer comme les organisateurs de la lutte clandestine à travers l'OAS (Organisation armée secrète).

C'est l'une des constantes de la guerre d'Algérie : les généraux étaient, pour la plupart d'entre eux, tenus ou manipulés par des soviets de colonels, eux-mêmes otages dans bon nombre de cas de leurs capitaines, ces capitaines qui vivaient avec leurs hommes sur le terrain, partageaient leurs rations de combat, les emmenaient se battre dans le djebel contre les fellaghas et, quand ils ne mouraient pas à leurs côtés, en rapportaient des moissons de croix de guerre et de citations à l'ordre du régiment ou de l'armée. On dit que les généraux sont toujours en retard d'une guerre. C'est souvent vrai. Mais les colonels peuvent aussi manquer de recul et de profondeur de vue. On put le constater lors de la guerre d'Algérie. Au fond, à l'exception de Bigeard et de Jeanpierre qui trouva la mort au combat, rares furent les colonels à la tête d'unités d'élite qui ne contractèrent pas le virus de la politique durant ces années-là. En conséquence, tout aussi rares furent ceux qui échappèrent aux désillusions des lendemains qui déchantent.

Le 30 janvier 1960, la veille, donc, de la fin de la Semaine des barricades, à l'issue de six longues journées au cours desquelles il apporta la preuve de sa fermeté de caractère et de son sang-froid, ce que le général de Gaulle observa en lui adressant quelques signes approbateurs, Grand-Père obtint les pleins pouvoirs civils et militaires sur Alger. Ayant pressenti le double jeu que jouaient un grand nombre de cadres de l'armée, en particulier dans la capitale algéroise, il releva dans la foulée, malgré les protestations qui s'ensuivirent, la 10e Division parachutiste de sa zone d'affectation – les régiments, les officiers et les soldats de cette fameuse Division, qui avait pratiquement gagné un an plus tôt la bataille de la casbah d'Alger, s'étaient en effet massivement compromis avec les insurgés. Le général Crépin était un homme à poigne et il entendait que cela fût connu de tous. Moins de trois mois plus tard, il était nommé commandant en chef des Forces françaises en Algérie en remplacement du général Challe. Tous les anciens de la 2e DB savaient que mon grand-père ne souffrait pas que l'on contestât son autorité. Les colonels des régiments parachutistes d'Algérie allaient assez vite le découvrir.

Mais, et je vais vite, et je laisse le vent de l'Histoire souffler sur les pages, parce qu'il en faudrait sinon des centaines pour développer chaque détail, commenter chaque rebondissement, avec les espoirs et l'abattement qu'ils faisaient naître dans ce chaudron qu'était la ville d'Alger, la situation politique évoluait bien plus vite que les esprits – et notamment en métropole. Quelques mois plus tard commençait la campagne autour du référendum sur l'autodétermination de l'Algérie. On connaît le résultat de ce scrutin qui se déroula le 8 janvier 1961. Il permit au général de Gaulle, en s'appuyant sur la volonté exprimée par les Français dans les urnes, de faire plier une armée majoritairement rétive à l'indépendance de l'Algérie. Quelques jours plus tard, Grand-Père apprit qu'il était à son tour débarqué. En vérité, le général de Gaulle avait commencé bien plus tôt à exfiltrer de leurs postes les dirigeants qui avaient fait en son nom des promesses vite dépassées par l'enchaînement des événements. Dès le mois de novembre 1960, il avait par exemple relevé Paul Delouvrier de son poste de délégué général du gouvernement en Algérie, le remplaçant par Jean Morin. Le 1er février 1961, le général Gambiez était nommé commandant en chef des

Forces françaises en Algérie en remplacement de mon grand-père.

Au fond, même s'il le vécut très mal sur le moment, je suis heureux pour lui qu'il eût été ainsi congédié par de Gaulle. Grâce à ce limogeage, l'épreuve que connut le général Gambiez, lorsqu'il fut désarmé et fait prisonnier par les putschistes du 1er REP (Régiment Etranger de parachutistes), lui aura été épargnée – épreuve que Grand-Père n'aurait pas supportée. Pressentant ce qui allait finir par advenir, il avait d'ailleurs placé dans le tiroir droit de son bureau, tiroir qui restait toujours ouvert, un revolver chargé et armé en permanence, et il était bien décidé à s'en servir dans l'hypothèse où des mutins auraient fait irruption dans les locaux où était installé l'état-major du commandant en chef. Il avait également donné l'ordre au colonel de Fonclare, son chef d'état-major, de faire ouvrir le feu par les éléments de sécurité du PC en cas d'intrusion d'officiers ou de soldats en rébellion affichée. En somme, il préférait, me disait-il, mourir plutôt que d'être fait prisonnier par ses propres troupes.

Je me suis souvent interrogé avec lui sur les raisons de ce qui s'apparentait à un licenciement politique. Pour me signifier qu'il n'avait pas démérité, il me montrait alors une lettre manuscrite, datée du 7 février 1961, qu'il avait reçue du général de Gaulle, et dont je possède une copie. En voici le contenu :

« Mon cher Crépin,

Vous voici donc investi d'une nouvelle grande mission. Avant que vous ne cessiez de vous consacrer à la première, je tiens à vous répéter que vous avez entièrement répondu à ce que j'attendais de vous quand j'ai décidé de vous l'attribuer.

S'il vous en est confié une autre, c'est uniquement parce que les conditions, la nature et l'action du commandement militaire en Algérie vont être profondément transformées et qu'il s'imposait, de ce fait, d'en changer le titulaire.

Mais, soyez bien assuré que ma confiance en vous et mon estime pour vous sont au plus haut point.

Avec mes félicitations pour votre promotion, je vous adresse, mon cher Crépin, le témoignage de ma fidèle amitié.

C. de Gaulle. »

Pour faire passer ce cachet difficile à avaler, Grand-Père était promu au grade supérieur, ce qui faisait de lui le plus jeune général d'armée de France, élevé à la dignité de grand officier de la Légion d'honneur et nommé commandant en chef des Forces françaises en Allemagne. Malgré toutes ces prébendes, sa rancœur persista longtemps. Je crois que jamais il ne comprit vraiment pourquoi il avait été ainsi démis de ses fonctions.

Le 21 avril suivant, les colonels déclenchaient le putsch d'Alger, actionnant quatre généraux qui paieraient très cher leur rébellion. L'unité de l'armée française volait en éclats. On ressent encore aujourd'hui dans le discours de nombreux officiers, et pas seulement chez les nostalgiques de l'Algérie française, les effets de cette fracture jamais vraiment résorbée.

Lorsque Napoléon III, sur les conseils de son épouse Eugénie, envoya en 1861 au Mexique un corps expéditionnaire français avec la mission d'imposer sur le trône de ce pays un souverain catholique et européen en la personne de l'archiduc Maximilien de Habsbourg, dans l'intention de se créer un allié docile et compréhensif sur le flanc de ces Etats-Unis dont il était aisé de pressentir la puissance à venir, ses soldats avaient composé un joli chant en forme d'aubade portant le prénom de l'impératrice.

« Eugénie, les larmes aux yeux,
Nous venons te dire adieu.
Nous partons de bon matin,
Par un ciel des plus sereins.
Nous partons pour le Mexique,
Nous partons la voile au vent,
Adieu donc, belle Eugénie,
Nous reviendrons dans un an. »

Ce chant fut repris par les unités de Légion et les pieds-noirs quand ils quittèrent l'Algérie qui les avaient vus naître – les mots Eugénie et Mexique étant remplacés par les termes Algérie et pays. Je le préfère, parce que la mélodie y est douce comme un matin dans la baie d'Alger, et qu'une forme d'espoir y reste perceptible malgré son infinie mélancolie, au lugubre et mortifère *Je ne regrette rien* d'Edith Piaf que chantaient les légionnaires du 1er REP (Régiment Etranger de parachutistes) en avril 1961, lorsqu'ils se retirèrent de leurs quartiers de Zéralda, leur régiment étant dissous à l'issue du putsch raté des généraux Challe, Jouhaud, Salan et Zeller, et que les femmes de la banlieue algéroise jetaient au passage de leurs véhicules des roses, des lilas et des pensées pour leur dérouler un tapis de fleurs aux couleurs de la passion et de l'amour vaincu par le sort. Algérie, les larmes aux yeux… En réalité, sans le dire ouvertement, le refrain de ce chant rimait avec tragédie bien plus qu'avec nostalgie.

Les Affreux du Katanga

Autour de Grand-Père, la vie continuait malgré le retour des heures difficiles pour le soldat qu'il était. Ma grand-mère, qui disait souvent qu'elle avait déménagé quatorze fois en vingt-cinq ans, l'avait suivi en Algérie, à Mécheria d'abord, ville située sur les hauts-plateaux de l'Oranais, puis dans la capitale algéroise, quand il devint commandant du corps d'armée d'Alger au début de l'année 1960. Le temps avait passé, et les blessures de 1944 commençaient à se refermer. Peu à peu, le goût de la vie reprenait ses droits dans ma famille. Ma mère et ma tante avaient fini leurs études. Elles étaient devenues des jeunes femmes qui n'allaient plus tarder à se marier.

Ma mère avait rencontré mon père à Paris, où il était venu suivre des études d'ingénieur au Conservatoire national des arts et métiers, ainsi qu'à l'Institut français du caoutchouc. Ses parents l'avaient en effet désigné, parmi leurs quatre enfants, pour reprendre la Manufacture congolaise du caoutchouc, une usine de transformation de l'hévéa en caoutchouc qu'ils possédaient au Katanga, dans l'ex-Congo belge. Mes grands-parents paternels s'étaient installés en Afrique noire en 1948, vendant peu ou prou tout ce qu'ils possédaient en Belgique. Au plus fort de la guerre froide, ma grand-mère était persuadée que le déclenchement d'une troisième guerre mondiale était inéluctable. Ma grand-mère ni mon grand-père ne voulant courir le risque de passer sous le joug communiste après avoir vécu l'oppression nazie, elle n'éprouva guère de difficultés à le convaincre de quitter leur pays, comme la famille de mon grand-père paternel l'avait d'ailleurs déjà fait par le passé.

Mon père descendait d'une vieille famille dont les origines remontaient au Moyen Age. Etablis depuis toujours aux Pays-Bas, ses ancêtres avaient fui leur pays, émigrant au XVIe siècle, lors des guerres de Religion entre catholiques et protestants qui déchirèrent le nord de l'Europe au profit des idées de la Réforme. Suivant en cela l'itinéraire spirituel et géographique inverse de la grande majorité de leurs compatriotes bataves de l'époque, ils refusèrent de se convertir au protestantisme et décidèrent d'aller s'installer à Gand, capitale de l'ancien comté de Flandre, qui était restée majoritairement catholique, où ils refirent souche. Tout cela se déroulait juste après le règne de Charles Quint. La famille de mon père, aussi gothique par bien des aspects que la tour qui s'élève à l'entrée de la cathédrale Saint-Bavon, présentait une autre particularité qui la distinguait de la plupart des Flamands de Gand : elle était depuis toujours d'expression francophone dans un pays où la querelle linguistique ne date pas d'hier.

Lorsque ma mère fit part de ses intentions à son père, celui-ci donna son accord, mais il émit une condition. Le mariage et la réception auraient lieu à Paris, et non dans la résidence qu'occupait le commandant du corps d'armée d'Alger, parce qu'il n'était pas question, quinze jours après la Semaine des barricades, de fournir, en célébrant l'union de sa fille et de son futur gendre dans la capitale algéroise, une cible de choix aux extrémistes de tous poils qui traînaient dans la casbah comme dans les quartiers plus chic de la ville. Le mariage de mes parents eut donc lieu à Paris, en l'église Notre-Dame-de-Grâce de Passy, leur paroisse du XVIe arrondissement, à la mi-février 1960. La réception qui suivit eut lieu à la Maison des polytechniciens. Mariage discret, dispositif souple et léger, sous contrôle serré : il ne fallait surtout pas éveiller l'attention. Mon grand-père fit un aller-retour de vingt-quatre heures en avion militaire pour la circonstance. Dans la foulée, mes parents partirent pour le Katanga, sans prévoir un seul instant que le mouvement de libération des peuples colonisés se propagerait en quelques mois jusqu'à cette province infiniment riche en minerais et en plantations d'hévéas, trois fois grande comme la France, située au sud de ce Congo belge sur lequel était censé veiller le roi Baudouin.

Mes parents s'installèrent à proximité de l'usine familiale, à Elisabethville, que les Européens de l'époque appelaient E'ville. C'était, par le nombre d'habitants, la seconde ville du Congo belge derrière Léopoldville, rebaptisée Kinshasa après l'indépendance, tandis qu'Elisabethville devenait Lubumbashi. Ils prirent leurs quartiers, si je puis dire, au premier étage d'un hôtel particulier, le rez-de-chaussée étant occupé par le consulat général de France. Si j'insiste sur tous ces détails qui peuvent paraître oiseux, voire totalement dénués d'intérêt, c'est qu'ils allaient être liés, comme ce fut souvent le cas dans ma vie, à mon grand-père.

Lorsque je devins journaliste au *Figaro,* au cours de l'été 1988, aussitôt après avoir fini mes études, mon père me dit un soir, lors d'un dîner en famille auquel assistaient ma mère et mes trois sœurs, avec la manière solennelle qu'il affecte parfois : « Mon fils, je suis très heureux que tu entres au *Figaro,* qui est le journal que nous lisons dans la famille. Va donc te présenter de ma part à Max Clos, ton directeur. Et rappelle-lui l'histoire suivante. Je serai curieux de savoir s'il s'en souvient… » Quelques jours plus tard, je frappai à la porte du bureau enfumé de Max Clos, ancien grand reporter ayant couvert presque tous les conflits de la planète depuis la guerre d'Indochine jusqu'à sa nomination à la tête de la rédaction du quotidien en 1975. Max Clos était à l'époque un personnage considérable, bien qu'il fût moins connu que son successeur, Franz-Olivier Giesbert, qui allait être nommé le jour même à son poste ! Je contai à Max Clos ce qui suit, sans trop pouvoir deviner quelle serait sa réaction, craignant un peu d'outrepasser la marge de manœuvre ou la liberté d'action autorisées à un subordonné, mais puisque j'avais promis à mon père de le faire…

Cela se passait en décembre 1961, quelque huit mois avant ma naissance. À E'ville, la situation politique avait vite dégénéré, engendrant une immense confusion, trop souvent meurtrière. Après la proclamation de l'indépendance de la république du Congo, par Patrice Lumumba, au milieu de l'année 1960, suivie quelques jours plus tard de la sécession de la province du Katanga, organisée et incarnée par Moïse Tshombé, les deux grandes puissances, Etats-Unis et Union soviétique, trouvèrent dans ce coin d'Afrique un lieu où poursuivre leur confrontation commencée à la fin de la Seconde Guerre mondiale, et qui allait culminer avec la guerre de Corée. La Belgique s'en mêla, dépêchant des paras-commandos sur place, bientôt suivie par les Nations unies, qui décidèrent d'y envoyer également un contingent de Casques bleus. Puis les mercenaires de toutes origines s'invitèrent dans la partie. C'est au cours de cette crise congolaise que les Bob Denard, Jean Schramme, Mike Hoare, Roger Faulques et autre Roger Trinquier gagnèrent leur surnom d'Affreux. Certains de ces mercenaires, anciens soldats éconduits de l'armée française par mon grand-père au cours de la crise algérienne en raison de leurs convictions trop clairement affichées en faveur de la rébellion et de la lutte armée contre le régime, ou de leur pratique de la torture pour l'obtention de renseignements, emmenés par le colonel Trinquier et le commandant Faulques, établirent leur PC au consulat général de France. Conséquence aussi prévisible qu'immédiate : celui-ci se retrouva bientôt dans la ligne de mire de l'Armée nationale congolaise et des Casques bleus envoyés par Dag Hammarskjöld, alors secrétaire général de l'Onu.

Un jour de décembre 1961, donc, alors que de puissants tirs de mortiers et de mitrailleuses étaient concentrés sur le consulat de France, mes parents coururent se réfugier dans les caves de leur petit immeuble. Ils y firent, dans la pénombre, la connaissance de Max Clos, alors envoyé spécial du *Figaro* au Katanga, qui se trouvait aux côtés des chefs mercenaires lorsque les premiers projectiles avaient commencé à pleuvoir sur le consulat français. Ils restèrent trois jours et trois nuits dans ces caves, à attendre ensemble que le combat cessât, et mon père m'assura que l'envoyé spécial du *Figaro* faisait preuve d'un grand courage en allant chercher en rampant de l'eau et des vivres pour eux trois. Je racontai toute cette histoire à Max Clos, qui m'écouta avec un sourire, et conclut notre entretien par ces mots: «Tout est rigoureusement exact. Je vous charge de saluer respectueusement votre père et votre mère de ma part. Et maintenant, au travail!» Je ne crois pas me souvenir avoir eu l'occasion de reparler par la suite à Max Clos une seule fois…

Ma mère quitta Elisabethville à la fin de l'année 1962 et partit rejoindre son père à Baden-Baden, quartier général du commandant en chef des Forces françaises d'Allemagne. Mon père resta jusqu'à la fin de l'année 1963 au Katanga, le temps d'essayer de liquider sans essuyer trop de pertes la Manufacture congolaise du caoutchouc, puis il se dépêcha de rentrer en Europe, où il retrouva ma mère. Les meurtres, les viols, les enlèvements d'Européens, sans compter les pillages et les mises à sac, rendaient la vie définitivement impossible au Katanga. La famille de mon père ne se remit jamais vraiment de ce désastre qui ressemblait, par bien des aspects, aux faillites, ventes à vil prix ou expropriations que connurent tant de pieds-noirs et de colons français en Algérie.

Gaulliste un jour, gaulliste toujours ?

« Chasseur un jour, Chasseur toujours », a-t-on coutume de dire dans les bataillons de Chasseurs alpins. Comme la Légion, les parachutistes, les Marsouins ou les Bigors, les troupes de montagne se montrent très sourcilleuses quant à leurs traditions, des plus kitsch aux plus incommodes, au point qu'il est défendu par exemple de prononcer le nom de certaines couleurs. Ainsi du rouge ou du jaune, interdits de séjour dans le vocabulaire des Alpins, au même titre qu'un lapin sur un bateau, et qui deviennent, même en opération, le bleu cerise et le jonquille – ce qui ne facilite guère la communication, lorsqu'on est amené à échanger des messages par le biais d'émetteurs radio, avec les unités issues d'autres armes. Chez les gaullistes, univers baroque s'il en est, plein de règles non écrites et de codes plus ou moins subtils, il semble aussi que les traditions fassent partie intégrante du corpus doctrinal, au même titre que le culte du chef ou les godillots des députés RPF d'autrefois. C'est d'ailleurs, à mon sens, l'une des raisons pour lesquelles ce petit monde gaulliste est extrêmement attachant et divertissant à observer.

Alors, gaulliste un jour, gaulliste toujours ? Derrière cette formule en forme de boutade se dissimule une question, voire une possibilité, disons même une éventualité, qui m'ont tourmenté et taraudé l'esprit pendant plusieurs années. Tout était parti de la lecture d'un livre intitulé : *Les Gaullistes : Rituel et annuaire*, paru en 1963, de Pierre Viansson-Ponté, ancien rédacteur en chef de *L'Express* puis éditorialiste au *Monde*. Dans cette enquête approfondie sur les us et coutumes de la famille gaulliste, ce journaliste chevronné consacrait un chapitre à Grand-Père, titré : « Le général Crépin a viré sa cuti ». Puis, de façon extrêmement habile et persuasive, il reprenait, l'élaguant à grands coups de serpe, la vie de mon grand-père pour en tirer la conclusion que celui-ci avait rompu avec le général de Gaulle au cours de la crise algérienne, et qu'il fallait y voir la raison pour laquelle il avait été démis du commandement en chef au début de l'année 1961. J'avoue avoir été profondément ébranlé par la lecture de cet ouvrage dont j'avais découvert l'existence par hasard, chez les bouquinistes au bord des quais de la Seine. En réalité, je l'appris par la suite, l'auteur de ce livre se fondait sur une rumeur qui avait couru les popotes au cours de l'été 1960, colportée par les partisans de l'indépendance de l'Algérie afin de tenter d'enfoncer un coin entre le général de Gaulle et Grand-Père, qui étaient unis l'un à l'autre par un lien quasi féodal, comme celui qui attachait autrefois le vassal et son suzerain.

Il est vrai que bien des événements survenus dans la vie de mon grand-père pouvaient laisser penser que de profondes ambiguïtés, ou de simples interstices, selon les points de vue, avaient existé entre le général de Gaulle et lui entre 1960 et 1961. Plusieurs éléments militaient en faveur de cette thèse. Le premier tenait à la tonalité et aux informations publiées chaque jour par la presse algéroise de l'époque. J'ai relu bon nombre de ces articles, qui me paraissent, avec le recul, relever davantage du désir et de la tentative de persuasion que de l'information précise et avérée. La presse d'Alger cherchait à l'évidence à émouvoir mon grand-père qui, derrière ses airs bourrus, était en réalité un homme bon et généreux, pour le rallier à la cause de l'Algérie française. Chaque jour, elle représentait le commandant en chef en homme plein de doutes, prêt à se cabrer parce qu'il était meurtri par la politique conduite par le général de Gaulle. En réalité, le premier président de la Ve République et Grand-Père se voyaient régulièrement, correspondaient par courrier et échangeaient de fréquents coups de téléphone, court-circuitant au passage le Premier ministre Michel Debré et ses équipes de l'hôtel Matignon.

Un second point d'ambiguïté, noté à l'époque par quelques journalistes, fut permis par le déroulement inhabituel d'une cérémonie protocolaire rituelle qui pouvait donner libre cours à toutes sortes de fantasmes ou d'interprétations. Lorsqu'il fut relevé de son commandement en Algérie, Grand-Père fut fait grand officier de la Légion d'honneur. Il est de tradition que cette décoration soit remise au récipiendaire par le président de la République au cours d'une cérémonie qui se déroule, selon l'usage, aux Invalides – de fait, ce fut le président Giscard d'Estaing qui, bien des années plus tard, lui remit la Grand-Croix dans la cour de ce somptueux hôtel dont les pensionnaires sont, aujourd'hui encore, les grands blessés de nos guerres. Or, pour bien marquer son attachement à l'armée française, dont les hommes avaient payé un lourd tribut depuis la Toussaint 1954, Grand-Père avait demandé comme une faveur au général de Gaulle, qui avait accepté, que cette décoration lui fût exceptionnellement remise sur le front des troupes d'Algérie, dans le magnifique cadre des Aurès enneigées, où se déroulaient les derniers combats contre les hommes du FLN, par son ami le général Ducournau, ancien commando et officier de parachutistes. Derrière le symbole qu'il avait souhaité mettre en scène à l'occasion de ses adieux à l'armée d'Algérie se faufilait tout simplement la possibilité d'une interprétation erronée.

Viansson-Ponté laissait aussi entendre que Dudule, surnom affectueux donné à mon grand-père par les hommes de la troupe, avait favorablement accueilli en Allemagne les officiers tentés de basculer dans la rébellion contre le régime, ainsi que ceux qui envisageaient la voie de la clandestinité avec l'OAS. Il y voyait une manifestation de la fracture qui s'élargissait entre de Gaulle et l'ancien de la Division Leclerc. De fait, Grand-Père accueillait en Allemagne ces officiers égarés, puis les faisaient, souvent avec leur accord, mettre aux arrêts simples, leur permettant ainsi d'effectuer leur service le jour mais d'être consignés le soir dans leur chambre, afin que leurs camarades activistes de l'OAS ne puissent plus les sommer de les rejoindre. Tout le monde, en quelque sorte, y trouvait son compte. D'autres faisaient remarquer qu'il n'avait pas témoigné, se distinguant ainsi de bien d'autres gaullistes de poids, devant le Haut Tribunal militaire, cette juridiction d'exception créée pour juger les actes des officiers putschistes d'Algérie, et qu'il fallait voir dans cette retenue une preuve de leur collusion. Là encore, il est vrai que mon grand-père, tout simplement parce que telle était son éthique personnelle, et non pour des raisons politiques, avait toujours refusé de juger ses pairs, et en particulier le général Challe, qui fut, on l'a oublié, un fervent gaulliste ayant embrassé en 1942 la cause de la France libre. L'addition de tous ces éléments épars de suspicion ne faisait certainement pas de lui un adversaire déclaré du régime en place, à l'inverse des colonels Ceccaldi ou Château-Jobert, ces deux Compagnons de la Libération qui rompirent alors avec le général de Gaulle avant d'entrer en résistance contre lui. Bien au contraire, son comportement au cours de ces années de drames et de souffrance montre qu'il observa de bout en bout un parfait loyalisme.

En revanche, il est certain que Grand-Père, sans remettre en cause l'objectif politique d'une Algérie algérienne, en contestait le rythme et le calendrier, à la fois trop rapide et trop serré à son goût. Il s'opposa avec force et constance au clan des gaullistes dits de gauche qui entourait le chef de l'Etat à l'Elysée et le poussait à engager au plus vite le processus de l'indépendance. Il jugeait en effet que la situation sur le terrain évoluait en faveur de l'armée française, qu'il ne manquait que quelques mois pour battre totalement le FLN et qu'il valait mieux se présenter en position de force à la table des négociations. Il pensait aussi que la mise en œuvre trop rapide de cette politique de désengagement de la France en Algérie aurait pour grave conséquence de provoquer des fractures irrémédiables au sein de l'armée. Son limogeage après le référendum de janvier 1961 sur l'autodétermination de l'Algérie est la conséquence directe de l'absence flagrante d'enthousiasme qu'il mit à appliquer les consignes reçues de l'Elysée quant à l'accélération du mouvement visant à accorder l'indépendance à l'Algérie. C'est dans ce contexte que se tint une scène, dont je connaissais l'existence bien que mon grand-père n'en parlât jamais, qui pouvait, en apparence, accréditer le propos de Viansson-Ponté.

Cette scène se déroula au palais de l'Elysée, dans le bureau du président de la République, sans témoins, le 21 décembre 1960, entre 11 heures et 12h25, heure à laquelle le général de Gaulle reçut le président Houphouët-Boigny en visite officielle en France. Ce matin-là, le général de Gaulle dit à Grand-Père, qui s'y attendait parce que la rumeur gouvernementale l'en avait déjà averti, qu'il envisageait de décréter un cessez-le-feu entre les belligérants, avec pour objectif d'apaiser les esprits et de permettre l'organisation dans une relative sérénité du référendum du 8 janvier suivant.

Ce jour-là, Grand-Père fit du Crépin, son meilleur rôle, celui d'un personnage baroque qui ne craignait pas d'évoluer dans le paroxysme, ne manquant ni de grandeur ni d'allure, en tout cas jamais de courage, et que toute l'armée française connaissait à peu près par cœur. Alors que de Gaulle s'était déjà levé, lui signifiant ainsi la fin de leur entretien, Grand-Père se leva à son tour. De Gaulle lui dit : « Crépin, il faut que je vous quitte, je reçois maintenant Houphouët-Boigny. » Grand-Père lui répondit : « Mon Général, j'ai quelque chose de très important à vous dire à propos de ce cessez-le-feu auquel je suis opposé. – Je sais ce que vous allez me dire, répondit de Gaulle qui avança vers Grand-Père, avant d'ajouter : Allons, allons. » Grand-Père fit alors un pas de côté et se mit au garde-à-vous, et là, plus personne n'aurait pu le faire bouger sans son consentement, pas même ce grand général qui ne mesurait que quelques centimètres de plus que lui. « Mon Général, ce que j'ai à vous dire est de la plus haute importance. Je vous demande officiellement de m'écouter. » Et de Gaulle, qui savait très bien que ce vieux compagnon était farouchement opposé à un cessez-le-feu, pour la bonne et simple raison qu'il était un soldat, et que les soldats sont faits pour se battre et gagner des batailles, et non pour faire de la politique, s'approcha de lui jusqu'à ce qu'ils soient à touche-touche. « Allons, allons, dit-il, je connais vos arguments », et il le poussait vers la porte avec son gros ventre en avant, et Grand-Père résistait, et de Gaulle continuait à le pousser avec son gros ventre, et Grand-Père se disait que c'était quand même le général de Gaulle qui agissait ainsi, ce général qu'il avait suivi sur la voie de la rébellion vingt ans plus tôt, et auquel il n'avait aucune envie de dire non parce que, malgré tout, même s'il se trompait aujourd'hui sur l'Algérie, il avait quand même, plus que tous les autres, le souci du pays et le sens du bien commun. Et Grand-Père finit donc par reculer peu à peu, de guerre lasse, vaincu sans combattre par ce général de brigade auquel il avait tant et tant donné au cours de sa vie, au motif qu'il avait eu, si souvent, le visage de la France.

Il n'est toutefois pas inutile de préciser qu'il n'y eut pas de cessez-le-feu tant que Grand-Père fut commandant en chef en Algérie…

Au-delà de cette scène qui demeure, malgré tout, anecdotique au regard de l'Histoire, il m'apparaît qu'il existe un autre argument, définitif, dont la force balaie les supputations et lève toutes les ambiguïtés concernant l'ardeur et l'intensité du gaullisme supposé ou non de mon grand-père. Comment expliquer que de Gaulle qui, on le sait, l'Histoire l'a démontré à de nombreuses reprises, avait la rancune extrêmement tenace, ait pu consentir à l'élever aux sommets de la hiérarchie militaire s'il avait eu le moindre doute quant à sa compétence, bien sûr, mais surtout quant à sa loyauté ? Coup sur coup, en l'espace de quelques années, il lui offrit le commandement en chef des Forces françaises en Allemagne, puis le commandement en chef des Forces alliées du secteur Centre-Europe, dont l'état-major se trouvait alors à Fontainebleau. Dans le genre, il n'existait pas mieux en France, ni même en Europe. Enfin, lorsque la France sortit en 1966 de l'Otan à son initiative, de Gaulle lui confia la présidence et la direction de la Société nationale de constructions aéronautiques Nord-Aviation, avec la mission officielle de développer la conception et la production de missiles et d'engins tactiques – ce qu'il fit, avec le Milan, le Hot et le Roland, puis, plus tard, avec l'Exocet – et une autre, officieuse, qui était de parvenir à la fusion de Nord et Sud-Aviation afin de créer un géant français de l'aéronautique et de l'armement. Ce géant, dont Grand-Père fut vice-PDG, pendant plus de cinq ans, naquit en 1970, année de la mort du général de Gaulle donc, sous le nom de Société nationale industrielle aérospatiale, qui allait devenir par la suite l'Aérospatiale, puis EADS, et aujourd'hui l'Airbus Group. Parallèlement, il fut nommé président du groupement d'intérêt économique franco-allemand Euromissile, où il se consacra au développement des missiles antichars et antiaériens, ainsi qu'aux programmes antispatiaux, aux recherches sur les appareils à décollage et atterrissage vertical, aux hélices carénées et aux turbostatoréacteurs.

Qui pourrait prétendre, au regard de tels états de service, tous issus des responsabilités qui lui furent dévolues par le général de Gaulle après la guerre d'Algérie, que l'un et l'autre n'étaient pas, avant toute autre considération, des hommes de fidélité ?

Jardins à la française

« Jean-René, connais-tu la bataille de Cannes ?

— Non, Grand-Père. C'est une bataille qui a eu lieu lors du débarquement allié en Provence ?

— Pas du tout ! Elle se produisit sous l'Antiquité, pendant la deuxième guerre punique, quelque deux cents ans avant Jésus-Christ. Elle se déroula dans le sud de l'Italie et elle opposa l'armée d'Hannibal à celle de Rome. C'est la mère des batailles, un chef-d'œuvre absolu de réflexion et de manœuvre, le sommet de l'art de la tactique. Regarde bien, je vais te montrer comment s'est déroulée cette bataille. Mesdames, Mesdemoiselles mes petites filles, Messieurs mes gendres, je vous demande de me laisser quelques instants avec mon petit-fils… Et ce n'est pas la peine de débarrasser les verres et les assiettes ! »

Nous nous trouvions chez mes grands-parents, dans leur maison de campagne près de Fontainebleau, réunis autour de la grande table où nous prenions nos repas lorsque nous étions en famille. Nous venions de finir de dîner. Après que mon grand-père eut parlé, tout le monde passa au salon, sauf moi, qui restais avec lui. Grand-Père se leva, alla jusqu'à un placard dont il tira des verres qu'il rapporta ensuite sur la table. J'assistai alors, je devais être âgé de douze ou treize ans à l'époque, au plus éblouissant cours magistral qui me fut enseigné de ma vie, et j'en fus médusé. Je m'en souviens comme si tout s'était déroulé hier soir. Il prit la douzaine de verres à eau qui se trouvaient sur la table et les disposa en deux blocs se faisant face, l'un étant plus compact que l'autre, qui épousait plutôt la forme d'une ligne, plus épaisse sur ses deux extrémités.

« Vois-tu, me dit-il, les Romains, à cette époque, se présentaient toujours selon le même dispositif de combat lorsqu'il fallait livrer bataille : l'infanterie formant un bloc au centre, composée de plusieurs lignes, elles-mêmes constituées selon l'âge et l'expérience des légionnaires. Les vétérans, par exemple, formaient la troisième ligne, celle qu'on gardait en réserve le plus longtemps possible. Sur les ailes, ils avaient coutume de placer les troupes formées par les peuples alliés de Rome. » Et il se saisit des verres à vin rouge qu'il disposa de chaque côté du bloc formé par les verres à eau. « Quant à la cavalerie romaine, reprit-il, elle était, de façon immuable, postée en arrière, prête à se déployer sur les ailes en cas de besoin. » Et il s'empara des verres à vin blanc qu'il plaça derrière la masse de ceux qui étaient censés représenter l'infanterie romaine.

« Hannibal, qui était le général en chef des armées de Carthage, savait tout cela, poursuivit mon grand-père. Et, à l'époque, comme ce fut longtemps le cas au cours de l'histoire militaire, l'avantage était à la défense – un peu comme aux échecs, où il vaut souvent mieux jouer avec les noirs parce que l'on peut deviner les intentions de l'adversaire et éventer ainsi ses plans. On dit qu'Hannibal réfléchit toute la nuit à la manière d'affronter les légions romaines. Il était en effet contraint d'engager le combat avec un gros handicap dans la mesure où son infanterie se trouvait en infériorité numérique, dans le rapport d'un fantassin carthaginois pour deux Romains. Mais il pouvait compter sur une excellente cavalerie. Son coup de génie fut d'inciter l'infanterie romaine à l'attaquer par le centre. » Et Grand-Père désigna les verres à eau qu'il avait rangés en formant une ligne, large mais peu profonde, devant le rectangle romain. « Sur les ailes, reprit-il, Hannibal avait réparti sa cavalerie avec, cependant, une subtilité : du côté gauche, la cavalerie lourde, formée d'Ibères et de Gaulois, avait pour mission de contenir dans un premier temps le choc prévisible de la cavalerie romaine. » Et je le vis se saisir des verres à vin rouge restants et les placer à gauche, mais légèrement en retrait, de la ligne formée par l'infanterie d'Hannibal. « À droite, continua-t-il, Hannibal avait placé sa cavalerie légère, constituée de Numides, cavalerie que tu peux voir ici, symbolisée par ces verres à vin blanc. Les cavaliers numides avaient pour instruction de déborder les Romains par le côté droit en effectuant une ample manœuvre de contournement et de prendre l'adversaire à revers. Dans le même temps, Hannibal escomptait que sa cavalerie lourde prendrait le dessus sur celle des Romains et parviendrait à rejoindre sa cavalerie légère, encerclant ainsi le rectangle de légionnaires qui se retrouveraient pris au piège. Tout se passa exactement comme il l'avait prévu. Par ailleurs, le centre de sa ligne d'infanterie avait pour consigne de reculer dès les premiers engagements afin d'attirer les Romains dans la profondeur. » Et, tout en parlant, il simulait les incertitudes et les rebondissements du combat, déplaçait les verres à pied, comme dans un mouvement de ballet, avec les gestes déliés et sûrs d'un de ces danseurs qui se meut tout en force et puissance, figurant de manière éblouissante l'évolution de cette bataille qui est encore étudiée de nos jours dans les écoles de guerre, à l'instar de celles d'Austerlitz et de Strasbourg.

C'était la première fois que j'assistais à une manœuvre d'enveloppement, et c'était magnifique, fulgurant comme la lumière. Tout s'emboîtait à la perfection. J'avais l'impression d'être introduit par effraction dans le cerveau d'Hannibal qui, la veille, tourmenté par la connaissance de son infériorité numérique, marchait de long en large sous sa tente, à la lumière des torches, cherchant dans la chaleur et le silence de la nuit une solution, interrogeant ses meilleurs lieutenants, les plus braves comme les plus avisés, dessinant des schémas à même le sable, qu'il effaçait aussitôt et, après une centaine d'ébauches, d'hésitations, de repentirs, finissait par concevoir, par la simple et toute-puissance de sa réflexion, une abstraction parfaite.

Par instants, il m'apparaissait que son plan était une construction intellectuelle presque classique, avec des figurines de différentes sortes soumises à des règles de marche et de mouvement spécifiques, comme dans un jeu d'échecs, et il n'était plus alors question d'hommes qui se battent et meurent – et pourtant j'avais parfois l'impression de voir s'animer ces rangées de verres à pied et je pouvais presque deviner le visage des légionnaires romains, la jugulaire au menton, tombant l'un après l'autre sous les coups des glaives et des javelots carthaginois, qui transperçaient leurs cuirasses et décimaient leurs cohortes, les survivants se regroupant autour de leurs centurions, et s'efforçant malgré tout de maintenir un semblant d'ordre dans les derniers carrés, et c'est à cela qu'on reconnaît les meilleures troupes : leurs soldats savent mourir sans manifester colère ni désespoir, de façon presque ordonnée, parce que les bons professionnels font leur travail jusqu'au bout et qu'ils l'aiment bien fait.

À d'autres moments, c'était comme si s'animait soudain une subtile marqueterie composée de figures géométriques, à l'image de celles que l'on peut observer sur certaines commodes Louis XVI en bois de rose avec incrustations d'ébène, de noyer, de ronce ou d'acajou, et il y en avait d'ailleurs une de ce type dans le salon de mes parents. Je pressentis ce soir-là qu'il pouvait exister, quelles que fussent les horreurs de toute guerre, une forme de grâce militaire, faite d'intelligence dans la conception de la manœuvre et de beauté dans son exécution. Ce soir-là, je fus vraiment fier de mon grand-père qui savait tant de choses passionnantes et je lui étais reconnaissant de me les apprendre. Mon Dieu, combien j'étais heureux de l'avoir à côté de moi !

Si je relate cet épisode, l'un parmi tant d'autres que je vécus avec lui au cours de mon enfance ou de mon adolescence, c'est que je me suis aperçu, avec le recul, qu'il avait éveillé en moi une forte résonance, par son intérêt tactique, certes, mais aussi par son aspect esthétique, ce qui me touche davantage aujourd'hui, résonance d'autant plus profonde que ce moment était lié à d'autres souvenirs, bien plus anciens, et qui m'avaient aussi marqué durablement. Lorsque mon grand-père fut commandant en chef des Forces françaises en Allemagne, de 1961 à 1963, puis commandant en chef des Forces alliées du secteur Centre-Europe de l'Otan, de 1963 à 1966, il m'arriva en effet d'assister à des défilés militaires de très grande ampleur, ou de les observer a posteriori par le biais de photos qu'il me montrait et me commentait. L'un d'entre eux, en particulier, m'avait profondément impressionné, non que j'y fusse invité, puisque je n'étais âgé que d'un mois à l'époque, mais parce que ma grand-mère m'en avait offert quelques années plus tard l'album de photos qui fit et fait encore mon ravissement. Il s'agit de la prise d'armes qui se tint le 9 septembre 1962 à Münsingen, ville de garnison bien connue des troupes françaises en Allemagne, située dans l'Etat de Bade-Wurtemberg, surnommée la Petite Sibérie par ceux qui s'y sont entraînés. Cette cérémonie, qui se déroula sur un immense terrain de manœuvres où défilèrent une dizaine de milliers de nos soldats, suivis par leurs chars, leurs batteries de canons et leurs dispositifs de missiles, était destinée à clôturer en fanfare la visite historique du général de Gaulle en

Allemagne, visite qui dura presque une semaine et permit au monde entier de découvrir que le fondateur de la Ve République parlait la langue de Goethe. C'est en effet lors de ce fameux voyage que le président français déclara au peuple allemand : « Si c'était hier notre devoir d'être ennemis, c'est aujourd'hui notre droit d'être frères » – ce qui laissait percevoir, pour ceux qui en doutaient encore, la profondeur et la puissance de sa vision historique et stratégique.

Au cours de cette prise d'armes qui dura des heures et fut suivie d'une grande réception à la résidence du commandant en chef, celle-là même où Massu accueillit quelques années plus tard dans le plus grand secret un président de la République rongé de doutes et perclus par l'accablement, on voit Grand-Père présenter les troupes françaises d'Allemagne au général de Gaulle, suivi à distance respectueuse par Pierre Messmer, alors ministre des Armées. Les photos sont en noir et blanc, elles proviennent du Service cinématographique des Armées et se distinguent par leur qualité exceptionnelle. Chaque fois que je revois ces clichés, dont nombre d'entre eux ont été pris depuis un hélicoptère, il m'apparaît clairement que les armées sont, depuis toujours, conçues comme une abstraction esthétique, à la manière de jardins à la française – des jardins en mouvement, certes, mais des jardins cartésiens, voire jansénistes, comme dépouillés par l'esprit de rigueur de Descartes et la volonté de dénuement de Port-Royal, même lorsqu'ils sont bariolés ou chamarrés par les couleurs des uniformes, comme ce fut le cas sous l'Ancien Régime ou le

Premier Empire. Dans un jardin de Le Nôtre, comme au cours d'une prise d'armes de prestige ou d'un défilé digne de ce nom, tout est géométrie, mathématique, alignement, subtile déclinaison des angles et des ombres, poésie du cordeau et lyrisme de la perspective. Les bataillons d'infanterie s'avancent en ordre serré comme le feraient des parterres de buis animés, parfois précédés d'éclaireurs formés par quelques carrés d'ifs postés en avant-garde ou dans les coins, les colonnes de chars se regroupent en bosquets parfaitement rectilignes, traversant bassins et terrasses, franchissant canaux et pièces d'eau, tandis que l'artillerie se présente au garde-à-vous, telle une forêt de sapins avec leurs cimes en forme de lances, prête à s'agenouiller au passage de son souverain – et même la fanfare rappelle par moments les rythmes et sonorités baroques de ce Jean-Baptiste Lully qui a tant charmé le Grand Siècle avec ses ballets de cour et ses tragédies lyriques jouées en plein air.

Au fond, je suis intimement persuadé qu'André Le Nôtre n'a pas, contrairement à une idée répandue, conçu ses célèbres jardins pour Nicolas Fouquet ni même pour le Roi-Soleil, mais pour le bon Dieu. Ce n'est pas depuis les terrasses de Vaux-le-Vicomte, pas plus que depuis le premier étage du château de Versailles, que l'on jouit de la plus belle perspective sur un jardin à la française – mais du ciel. Or, à l'époque, nul n'était encore parvenu à réaliser le rêve d'Icare puisqu'il fallut attendre le règne du petit-fils de Louis XIV pour voir les frères Montgolfier permettre à l'homme d'oublier pour quelques instants sa terrestre condition. Pour comprendre le dessein d'un jardin à la française, et pour en saisir l'infinie beauté, il faut s'élever. Avec Le Nôtre, l'émotion esthétique naît de la vision verticale. Il en va de même avec une armée, qu'elle se trouve immobile ou en mouvement – et c'est sans doute la raison pour laquelle les dieux aiment tant la guerre, qui les distraient de cet ennui sans fin que doit durer l'éternité.

Un balcon sur les rochers

Dans la dernière partie de sa vie, une de ses marottes était de visiter les chapelles des champs et les petites églises de village. Plusieurs fois par an, il s'absentait quelques jours et partait, avec ses amis du Centre des études romanes, visiter ces trésors modestes qui parsèment nos campagnes, éparpillés à la manière des perles d'un chapelet dont le fil se serait rompu. Alors qu'il avait plus ou moins perdu la foi au cours des nombreuses épreuves qu'il avait traversées, la beauté simple et sans détour de ces édifices venus du Moyen Age lui disait quelque chose, sans doute plein de nostalgie, peut-être aussi d'espérance, qui avait trait au pays de son enfance, cette France rurale, paisible, où les heures étaient égrenées si lentement par les cloches des églises qu'elles paraissaient durer une éternité.

Je me souviens qu'il me disait souvent : « Autrefois, lorsque le temps nous semblait si long à passer, et que le désir de possession des choses n'était pas encore entré dans les mentalités, nous étions heureux. Car le bonheur est un état. Aujourd'hui, lorsque je vous regarde, vous autres adolescents, il me semble que vous n'êtes pas aussi heureux que nous l'étions au même âge. Mais c'est naturel : votre époque vous incite à rechercher les plaisirs, qui ne durent pas, là où nous avions le bonheur, qui dure longtemps. » C'était dit sans reproches, énoncé comme une évidence. Sans doute faut-il voir dans cette réflexion de sa part une des explications à son choix de servir dans la Coloniale, comme l'avaient fait Dio et Massu, les deux officiers de la 2e DB dont il était le plus proche. Les rêves de lointain et l'attrait de l'aventure étaient certes à l'origine de cette décision, mais il y entrait aussi, je crois, le désir de se défaire de l'inutile et du superflu qui encombrent nos vies. Comme Dio, mon grand-père était un homme qui voyait dans la recherche des plaisirs un piège redoutable et qui s'imposa toute sa vie durant une forme d'ascèse. Se priver ne lui déplaisait pas. Dompter ses désirs lui permettait d'aiguiser sa volonté, qui me paraissait être pourtant déjà très affûtée.

Ce qui ne l'empêchait pas d'aimer la vie, mais il l'aimait tendue vers un objectif, orientée vers l'avant, presque sous contrainte, à l'image de ces terribles marches forcées que nous faisions chez les Chasseurs alpins, en serrant les dents et en souffrant, portant armes, skis et paquetage pendant plusieurs jours et nuits, dans la neige ou sous la pluie, mais nous étions si fiers de parvenir au but en ayant amélioré notre propre record que, tout compte fait, le résultat en valait la peine. Il y avait indéniablement chez mon grand-père un côté premier de la classe dans toutes les disciplines, même en activités sportives, qui le rendait difficile à suivre. Au fond, on peut dire de lui sans mentir ni même exagérer qu'il mena presque toute son existence au pas de course.

Curieusement, lui qui aimait tant l'art roman et sa traduction dans l'architecture sacrée restait insensible devant les constructions profanes de la Haute Epoque. Ainsi fut-il toujours opposé à l'idée de reprendre un merveilleux relais de chasse, en réalité un ancien monastère du xve siècle fortifié par la suite, adossé à une jolie forêt de feuillus que possédait ma grand-mère à travers une indivision familiale dans la plaine briarde. Cette propriété fut vendue à la fin de la guerre d'Algérie. Mon grand-père avait d'autres idées en tête, comme sa femme et ses filles allaient bientôt le découvrir.

Après son commandement à Fontainebleau, au cours duquel il avait pu se consacrer chaque week-end à la pratique de l'escalade sur ces rochers de grès qui jonchent et jalonnent les alentours, il acquit un bout de forêt dans cette jolie région vallonnée du Gâtinais. Il y fit bâtir à flanc de colline une grande maison pleine de lumière, en bois, pierre et béton, inspirée de ces chalets pour lesquels il s'était pris de passion dans la vallée de Chamonix. Quelle que fût la perspective d'où on l'observait, cette maison paraissait flotter sur une mer de rochers, avec une terrasse qui semblait s'avancer en apesanteur au-dessus du vide. C'était très beau, d'une extrême sobriété dans la réalisation, follement audacieux dans sa conception architecturale, mais cela ressemblait très peu à l'idée que je me faisais de lui. Aujourd'hui encore, cette maison reste pour moi un motif de grande perplexité. J'ai fini par me dire que l'architecte manqué en lui avait trouvé là une occasion unique de donner libre cours à sa fantaisie, qui n'avait guère eu le loisir de s'exprimer auparavant. Mon grand-père fut très heureux dans cette maison où il vécut avec ma grand-mère jusqu'à sa mort, puis seul, soit plus d'une trentaine d'années au total. Peu à peu, il délaissa en effet son appartement parisien, où il ne dormit bientôt plus qu'une nuit par semaine, préférant vivre le reste du temps dans la solitude au milieu des bois, où il pouvait à la fois méditer sur le sens de sa vie et trouver toujours à s'occuper ou à se dépenser.

Il faut dire qu'il était resté longtemps un homme athlétique, pratiquant jusqu'à un âge avancé la varappe, cette discipline dont il avait découvert les rudes prestiges dans les chaînes montagneuses d'Algérie. Lorsqu'il ne fut plus en mesure de soulever son poids avec les doigts, il cessa la pratique de l'escalade et se mit à la bicyclette. Jusqu'à l'âge de quatre-vingts ans, il roulait quarante kilomètres chaque matin sur les petites routes traversant les forêts de Fontainebleau et des Trois Pignons. Craignant qu'il ne finisse par être renversé par un chauffard, ma mère et ma tante réussirent, après mille difficultés, à le convaincre de mettre un terme à cette activité. Il découvrit alors les atouts plus tranquilles de la marche sur les sentiers de randonnée, à laquelle il s'adonna à raison de deux heures par jour jusqu'à sa mort. Ceux qui l'ont connu disaient de lui qu'il était une force de la nature. Et c'est bien ainsi qu'il nous apparaissait, à nous autres, membres de sa famille.

Pour nous, il était à l'image d'un de ces grands arbres français, chêne vert ou hêtre pourpre, ayant choisi la solitude de la plaine plutôt que la compagnie de ses semblables, refusant l'alignement d'une haie comme la promiscuité des forêts, un grand arbre isolé qui prenait toute la lumière, à l'ombre duquel rien ne poussait, mais qui protégeait, par sa masse et sa puissance, les êtres venus se ranger ou s'abriter derrière lui. À côté d'hommes comme lui, on existe en silence, et, d'une certaine manière, il valait peut-être mieux qu'il n'eut pas de fils. En aurait-il eu un que celui-ci eût été écrasé de façon inéluctable, à moins qu'il ne se fusse révolté contre un père qui n'aurait pas toléré de désordre dans les rangs. Parce que sa vie de soldat et le monde intérieur qui accompagne ce type d'existence ne les intéressaient guère, les femmes savaient mieux que les hommes adopter la bonne distance avec lui. J'ai eu à maintes reprises l'occasion de me faire cette réflexion. Bien qu'il appréciât à n'en pas douter la compagnie des femmes, je crois qu'il ne comprenait pas grand-chose à leurs activités, qu'il respectait cependant infiniment, et la conversation roulait avec elles, sans risque aucun, sur des sujets anodins auxquels il faisait mine de s'intéresser. Au fond, il était sans doute plus aisé pour cet homme qui pouvait se montrer malhabile dans les relations quotidiennes de transmettre à un petit-fils son expérience de la guerre et les convictions qui l'animaient plutôt qu'à un fils, une fille ou une petite-fille.

J'eus cette chance qui fut aussi, d'une certaine façon, une charge, parce qu'elle était liée pour moi à l'obligation de ne pas le décevoir.

Ainsi ai-je gardé le souvenir d'une journée qui fut comme un moment de grâce, une journée au cours de laquelle j'éprouvai une profonde joie et une forme de parfaite liberté avec lui. Cela se passait au début du mois d'octobre 1985, chez lui, à l'Adret, du nom de cette maison qui avait été bâtie sur le versant sud et ensoleillé de la vallée. Je venais de rentrer du Liban, où la compagnie de Chasseurs alpins à laquelle j'appartenais avait passé six mois à escorter des convois, monter la garde dans les lieux les plus divers et se tenir en état d'alerte permanent. Après avoir déjeuné tous les deux dans la cuisine d'un repas simple et frugal, nous étions passés sur la terrasse pour prendre le café, et je me souviens que le fond de l'air était doux et tiède, et que l'on pouvait distinguer sur les feuilles des arbres la lente avancée de l'automne. Je lui racontais « ma » guerre. Pour une fois, c'était moi qui parlais, et il écoutait. Ce jour-là, j'avais été très frappé, alors qu'il avait plus de soixante-quinze ans, par sa concentration et sa capacité d'écoute. Il voulait tout savoir. Comment se déroulait la journée type d'un Alpin au Liban ? Quels véhicules utilisions-nous pour escorter les convois de l'Onu ? Le fusil-mitrailleur était-il alors monté sur un affût et, si oui, que faisions-nous lorsque le combat motorisé se transformait de façon inopinée en combat en localité ? De combien de chargeurs disposions-nous chacun ? Pourquoi le Famas s'enrayait-il plus souvent que le

SIG, ce fusil d'assaut suisse dont nous étions équipés ? Qui étaient ces officiers d'élite, ce capitaine Derache, commandant de la compagnie, et ces lieutenants Recule et Wattecamps, qui avaient en charge les première et troisième sections ? Qu'avions-nous à nous mettre sous la dent dans nos rations de survie ?

Et je lui racontais tout, sans rien omettre, minimiser ni exagérer : ne connaissait-il pas tout cela bien mieux que moi ? Et il m'écoutait sans rien dire, et je continuai de parler, de parler jusqu'au moment où j'en vins à notre départ du Liban. Et je lui décrivis cette dernière scène, lorsque nous étions tous au garde-à-vous sur le tarmac de l'aéroport Ben-Gourion, à Tel Aviv, et que des centaines de touristes, étonnés de découvrir ce parterre d'Alpins silencieux et parfaitement alignés, le visage tanné par le soleil des Alpes et du Chouf, à la fois souples et secs comme un coup de trique dans leurs treillis repassés avec les trois plis réglementaires dans le dos et les deux sur les manches, les décorations pendantes et les rangers cirées comme du bois d'ébène, venaient nous prendre en photo, et que nous nous efforcions de ne pas croiser leur regard pour rester concentrés sur la cérémonie qui allait suivre, cet adieu au fanion de la compagnie qui serait bientôt transmis aux hommes du mandat suivant. Dans le vacarme assourdissant des réacteurs, l'adjudant avait fini par arriver, du pas lent et solennel qu'il adoptait en de telles circonstances, et il avait présenté une dernière fois le fanion à la compagnie, puis il l'avait incliné, avec une forme de majesté dans les gestes, devant le capitaine, qui lui avait fait rendre les honneurs. Quelques instants plus tard, nous étions disposés en file indienne, attendant de monter l'un après l'autre dans l'avion qui avait été affrété pour nous. Le capitaine était en haut de l'échelle, et il disait au revoir à ses hommes. Un mot différent pour chacun, il les connaissait tous si bien, un salut réglementaire, puis une poignée de main. Lorsque j'arrivai à sa hauteur, je remarquai un détail inhabituel. Pour la première fois depuis que je le connaissais, depuis cette longue année passée à arpenter les glaciers et à crapahuter dans la rocaille à ses côtés, je le vis avec une paire de lunettes de soleil qui cachaient ses yeux. Ce vieux soldat rude et ascétique, aussi bourru et pudique que l'était mon grand-père, savait très bien qu'il ne parviendrait pas à cacher son émotion après l'année si pleine et intense que nous avions tous vécue ensemble. Et je vis, à cet instant précis, alors que je lui racontais cette scène, mon grand-père qui avait, lui aussi, exactement comme le capitaine Derache quelques jours plus tôt, les yeux brillants et embués par l'émotion.

Et nous étions là, tous les deux, assis autour d'une table de jardin, sur cette vaste terrasse de béton qui s'avançait au-dessus des rochers, d'où l'on pouvait apercevoir, à l'autre extrémité de la vallée, distant d'une dizaine de kilomètres, le clocher de l'église de Tousson, et nous nous taisions, incapables de poursuivre notre discussion, écoutant le faux silence de la campagne et regardant le soleil qui se couchait à l'horizon. Ce jour-là, il sut que j'avais compris le sens de sa vie, et que j'avais compris pourquoi il s'y était jeté corps et âme. Et je sus, ce fut alors pour moi une évidence jamais remise en question, qu'il était heureux que j'eusse accepté d'entrer dans son monde et de l'y rejoindre pour essayer de le comprendre.

Hommes d'honneur et grands seigneurs

Il me manque. Je crois que pas un jour n'a passé, depuis sa mort il y a vingt ans, sans que je n'aie pensé à lui. J'ai bien entendu fait le deuil de sa présence, comme disent les psys ou l'écrivent les journaux féminins, mais un grand vide subsiste malgré tout en moi depuis son départ. Grâce à mon métier, j'ai rencontré nombre d'hommes et de femmes dont les discours ou les écrits m'ont captivé, séduit ou simplement intéressé. Mais je n'ai jamais retrouvé, chez les membres issus des générations postérieures à celle de mon grand-père, le même sens de l'honneur que celui qui habitait ces quelques officiers ou civils ayant formé les premiers carrés de la France libre – sauf, sans doute, lors de mes conversations avec Hélie de Saint Marc, en qui j'ai reconnu le même souci de la vertu personnelle conjugué à la volonté de s'engager au profit de cette singulière collectivité répondant au nom de la France. Hélie de Saint Marc, justement, écrit quelque part dans ses mémoires qu'il a toujours préféré l'honneur aux honneurs. Cette jolie formule s'applique sans conteste à la vie qu'il a menée avec une grande noblesse et le constant tourment de parvenir à distinguer la vérité. Je ne suis pas certain pour autant qu'il soit juste d'opposer le sens de l'honneur dans ses versions au singulier et au pluriel. En d'autres termes, je ne crois pas que le déshonneur accompagne nécessairement les honneurs. Mon grand-père fut couvert d'honneurs mais j'ai la certitude absolue qu'il n'a jamais manqué à l'honneur.

Le sens de l'honneur ne se théorise pas : certains êtres l'éprouvent en eux et agissent en conséquence, et c'est aussi simple que cela ; d'autres ne le ressentent pas en eux, et ne peuvent donc en tenir compte, et c'est tout aussi simple. Plutôt que de m'escrimer à définir une notion qui, à mon sens, ressort davantage du sentiment, de l'émotion et de l'attitude, du réflexe allais-je dire, que du concept intellectuel ou de la morale acquise, voici quelques anecdotes, que je livre pêle-mêle parce que je ne veux pas – parce qu'il ne faut pas – qu'elles soient oubliées ni perdues. Elles paraîtront sans doute insignifiantes à certains. Pourtant, chacune d'entre elles illustre, à sa manière, la conception que je me fais de cet ombrageux sens de l'honneur, constitué de courage et de panache, qui a animé mon grand-père et la plupart de ses compagnons de combat de 1940.

Parmi les hommes qui ont compté dans l'existence de mon grand-père, il y avait, bien sûr, au premier rang, Leclerc et de Gaulle. Mais, malgré l'estime ou l'admiration qu'il put éprouver pour l'un et l'autre, il me semble que la relation qu'il noua avec eux ne parvint jamais, pour toutes sortes de raisons, induites notamment par le lien hiérarchique qui les unissait autant qu'il les séparait, jusqu'au degré de la parfaite amitié. En revanche, il se lia de façon infiniment plus profonde avec Dio et Pleven, deux hommes dont il fit la connaissance à la fin du mois d'août 1940 au Cameroun, Compagnons de la Libération eux aussi. Je crois bien qu'ils furent, l'un et l'autre, ses deux seuls véritables amis. Et c'est à eux que je pense aussitôt lorsque je songe à illustrer ce sens irrépressible de l'honneur qui leur était à la fois commun et si précieux et, sans aucun doute, les maintint en vie si longtemps, jusqu'à la fin de leur destin, les faisant survivre de longues années à leurs épouses respectives.

Lorsqu'il parvint à la retraite, Grand-Père prit l'habitude d'emmener ma grand-mère, chaque hiver, au mois de février, en villégiature à Beaulieu-sur-Mer. Lorsqu'il devint veuf pour la seconde fois, il continua à se rendre, seul, chaque hiver, à Beaulieu. Mon grand-père était, certes, un homme qui aimait les rites et les traditions, mais, au-delà de la fidélité qu'il entendait ainsi marquer envers la mémoire de ma grand-mère, je suis intimement persuadé qu'il existait une autre raison justifiant ce pèlerinage annuel : il lui permettait de voir son cher et vieil ami Dio, qui s'était retiré, général d'armée lui aussi, à Toulon. Veuf comme mon grand-père, Dio avait un frère qui était entré dans les ordres – je crois me souvenir qu'il était moine, mais je ne sais plus dans quelle communauté. Cela avait beaucoup impressionné Dio qui, à la fin de sa vie, s'inspirant de l'exemple de son frère, se consacra entièrement aux pauvres, mendiants et nécessiteux. Une année, pour venir en aide à je ne sais qui, il avait vendu à un marchand d'antiquités le fanion de la Sahariana de Koufra, cette compagnie italienne motorisée que les hommes de Leclerc avaient vaincue à l'aube de l'année 1941 dans le désert de Libye, et cela avait causé un incroyable mic-mac chez les anciens de la 2e DB, qui avaient été obligés d'ouvrir une souscription pour racheter à prix d'or à l'antiquaire ravi d'une telle aubaine ce bout de tissu devenu un fragment d'histoire. Je me souviens que l'on entendait à l'époque dire, parmi les anciens de la Division Leclerc, avec un mélange de respect et d'apitoiement : « ce pauvre général Dio qui a perdu la tête… », alors qu'il voulait simplement se dépouiller de tout le superflu, s'affranchir de ces artifices qui nous lestent la conscience et nous font marcher, souvent à notre insu, avec des semelles de plomb, et c'est d'ailleurs la raison pour laquelle il avait demandé à servir dans une compagnie de méharistes à sa sortie de Saint-Cyr. Dio, ou l'éloge de la vie en sandales… Chaque année, donc, à son retour de Beaulieu, je demandais à mon grand-père des nouvelles de ce brave à trois poils que j'avais eu l'occasion de rencontrer à plusieurs reprises en sa compagnie. Et il me répondait, visiblement un peu plus préoccupé chaque fois par l'ardeur que mettait Dio à se défaire de ses rares richesses et à se débarrasser de toute contingence matérielle : « Je l'ai vu, bien sûr. Je lui ai dit : "Mon général, il faut vous reprendre. Vous ne pouvez pas tout brader – fût-ce au profit des nécessiteux. En tant que général de l'armée française, vous avez un rang à tenir". » Et Dio lui répondait avec une voix pleine de douceur : « Mon général, vous comprenez, j'essaie de ressembler à mon saint homme de frère... » Et c'est ainsi, comme aurait pu l'écrire Alexandre Vialatte, que ces hommes-là étaient grands et bons.

Veuf lui aussi, René Pleven continua à voir mon grand-père tout au long de sa retraite. Selon mes souvenirs, l'ancien président du Conseil habitait alors avenue Mozart, dans le XVIe arrondissement de Paris. Mon grand-père, de son côté, avait quitté le XVIe arrondissement pour aller s'installer dans le XVe. Ils dînaient ensemble avec une grande régularité – l'équivalent d'une fois par mois, si mes souvenirs sont exacts. Ils se retrouvaient toujours chez Pleven, où ils buvaient tranquillement un verre avant de partager le même repas, et il faut imaginer la scène : ces deux vieux messieurs qui avaient traversé tant d'épreuves, ayant été mêlés durant trente-cinq ans à tant d'événements entrés dans l'histoire de leur pays, qui devisaient en confiance et se remémoraient les années, qu'ils n'avaient pas vues passer, de leur âge d'homme jeune. Parlaient-ils de la Bretagne (Pleven était breton, comme Dio, et très engagé dans la vie politique et économique locale, après l'avoir été de longues années au niveau national) ou ressassaient-ils les années de la guerre à la faveur de laquelle ils s'étaient connus ? Parlaient-ils des hommes qui avaient fait la IVe et la Ve République et qu'ils avaient approchés ou côtoyés tous les deux ? Je l'ignore, mon grand-père ne m'ayant jamais dévoilé la teneur de leurs conversations. En revanche, il m'a souvent relaté cette scène, immuable, qui se reproduisit pendant des années à la fin de chaque dîner. Lorsque mon grand-père prenait congé, toujours avant minuit, René Pleven le raccompagnait jusqu'au pas de la porte de son appartement, puis, après que son invité eut enfilé son pardesssus et prit sa canne et son chapeau dans la main, il lui disait : « Mon général, lorsque j'ai pris ma retraite, la République m'a donné le choix entre un chauffeur ou une cuisinière. Pour bien vous recevoir, j'ai choisi la cuisinière. Par conséquent, je ne puis hélas vous faire raccompagner jusqu'à chez vous. » Et Grand-Père répondait, de façon rituelle : « Monsieur le Premier ministre, je connais les habitudes de cette maison. J'ai pris mes dispositions. J'ai commandé avant le dîner un taxi qui m'attend en bas de chez vous. » Et c'est ainsi que ces hommes-là étaient grands et dignes.

Il me revient en mémoire un autre moment, qui me replonge dans les années de mon adolescence. Nous nous trouvions, avec deux ou trois de mes sœurs cadettes, chez mes grands-parents, dans le salon de leur maison de campagne près de Fontainebleau. Je suis incapable de situer précisément l'année au cours de laquelle se déroula la scène qui suit. Ce devait être au milieu des années soixante-dix puisque mon grand-père venait de quitter son activité dans l'industrie aéronautique. « Les enfants, quand je pense que j'aurais pu faire de chacun de vous quelqu'un de riche », dit-il en marmonnant, plongé dans ses pensées. Il était assis, bien calé au fond d'un de ces fauteuils de Charles et Ray Eames, où il aimait s'installer pour lire son journal, boire un café après le déjeuner ou déguster une larme de cognac après le dîner. Mes sœurs ne réagirent pas – sans doute venaient-elles de commencer une partie de cartes ou un jeu de société, à moins qu'elles ne fussent occupées à lire. De mon côté, je n'entrai pas tout de suite dans la conversation. J'étais très étonné de sa réflexion. Je connaissais les convictions aussi bien que les aversions de mon grand-père. Je savais qu'il vouait un mépris souverain et absolu à l'argent, à ce qui l'accompagne, et aux hommes qui l'aiment. Je ne comprenais pas où il voulait en venir. Et puis ne vivions-nous pas, avec mes sœurs et mes parents, dans un bel appartement haussmannien plein de lumière et de joie de vivre ? Ne passions-nous pas nos week-ends chez lui à la campagne ? Non, vraiment, je n'avais pas le sentiment que nous étions démunis face à la vie. Je finis par lui demander pourquoi il laissait entendre que nous étions pauvres. « Non, bien sûr, nous ne sommes pas pauvres, et vous ne manquez de rien, dit-il. Mais vous auriez tous pu devenir vraiment riches. Les dirigeants de la société Boeing m'avaient fait un pont d'or pour que je quitte l'Aérospatiale et que j'aille travailler avec eux. » Sans réfléchir davantage, je lui demandai alors pourquoi il n'avait pas agi en ce sens s'il en avait eu l'opportunité. Et, soudain, je le vis se reprendre, et je le retrouvai dans les secondes qui suivirent tel que je l'avais toujours connu et aimé. « Mais enfin, Jean-René, c'était impossible : j'avais donné ma parole au général de Gaulle ! » Et il était si étonné de ma question qu'il en bégayait presque de surprise et de colère, et il me regardait avec un air profondément courroucé, et je ne savais plus où me mettre. Et c'est ainsi que ces hommes-là étaient grands et nobles.

Encore un souvenir, mais j'en ai tant que je ne sais lesquels sélectionner pour les relater ici. Grand-Père, dont le second veuvage dura treize ans, avait pris l'habitude de venir déjeuner ou dîner chez mes parents le mercredi. Je me souviens avec précision d'un jour où il arriva suffisamment en retard pour que ma mère commençât à s'inquiéter. Je ne sais plus lesquelles de mes sœurs participaient à ce déjeuner qui dût se tenir au début du printemps 1988, alors que je finissais mes études à Sciences-Po. Nous entendîmes enfin sonner à la porte de cet appartement où André Malraux était venu dîner à plusieurs reprises. Maman alla ouvrir et nous accueillîmes mon grand-père. Quelque chose clochait dans son attitude. Il posa sa canne contre une petite table de l'entrée sur laquelle se trouvait posé le téléphone, ôta son chapeau, puis se dévêtit de son loden qu'il abandonna sur une chaise. C'est en entrant dans le salon que nous vîmes sa cravate de travers, son col de chemise en désordre et son menton tuméfié. Nous le pressâmes de questions et il nous raconta sa mésaventure.

Alors qu'il traversait la place Vauban pour se rendre chez nous, la marche à pied étant l'une des activités qui lui permettaient de se maintenir en bonne condition physique, il croisa un cortège de manifestants encadrés par des piquets de grève de la CGT. Il marchait au milieu de la chaussée qui longe la façade arrière des Invalides, l'esprit ailleurs, lorsqu'il fut bousculé par un militant du service d'ordre de la centrale ouvrière qui lui intima de passer son chemin et de laisser le terrain libre. « Papy, ta place n'est pas ici ! », lui lança-t-il. Pas le moins du monde impressionné, Grand-Père, vieux monsieur qui en avait vu d'autres au cours de son existence, lui répondit tranquillement que la rue appartenait à tout le monde et qu'il entendait bien poursuivre son chemin. Sans autre forme d'avertissement, le gros bras de la CGT le poussa violemment et lui fit mordre la poussière. Faire s'étaler par terre un vieux bourgeois avait dû lui procurer un secret plaisir. Lentement, Grand-Père se releva, il ne s'attendait pas à recevoir un tel coup, et puis il était âgé de quatre-vingts ans tout de même, il épousseta son loden et réajusta son chapeau, se saisit de sa canne dans une main, puis, ramassant toutes ses forces, il prit son élan et, tel un joueur de rugby au placage, fonça sur le cégétiste qu'il envoya, avec tout le poids des quatre-vingts kilos qu'il pesait encore, valdinguer à quelques mètres de là. Il fut, nous dit-il ce jour-là, applaudi par plusieurs manifestants, et le gros bras du service d'ordre, beau perdant, comprit qu'il ne fallait pas insister parce que la foule avait pris le parti du plus faible, ce vieil homme bien mis qui ne dérangeait personne avant qu'on ne vienne le bousculer au-delà du tolérable. Puis il poursuivit son chemin, le visage ecchymosé mais très digne, et tout le monde s'écartait pour le laisser passer, commentant avec des murmures d'admiration son coup de force.

Ainsi était mon grand-père. À quatre-vingts ans, il était resté dans l'esprit le jeune capitaine qu'il fut en

1940. Un homme de convictions, qui savait qu'il faut parfois passer outre les convenances pour se faire respecter. Un homme de courage, qui ne pouvait envisager de se rendre sans combattre et estimait nécessaire de renoncer à la palabre pour entrer dans le dur, jusqu'à se heurter à la matière lorsque la dignité est menacée ou bafouée. Un homme d'honneur, enfin, qui savait dire non et ne pas refuser le combat physique lorsque les circonstances l'exigeaient parce que certains outrages ne se réparent pas par des excuses, pas plus que certaines offenses ne s'effacent par une demande de pardon. « Ne rien lâcher », parole de Picard et foi de Crépin.

C'est la grandeur de nos démocraties avancées que d'essayer de prévenir et de résoudre les conflits par la diplomatie et la négociation. Mais l'honneur commande de dire non lorsque l'essentiel est en cause. Or il n'y a pas de grandeur sans honneur. De cela, je suis sûr, ayant vu vivre au plus près de sa vérité mon grand-père, mais aussi, dans une moindre mesure, les hommes qui étaient ses amis.

Le dernier carré

Il faisait partie de ces hommes qui se battent jusqu'à leur dernier souffle et forment les ultimes carrés, comme le firent les grenadiers de la Vieille Garde à Waterloo, les légionnaires à Camerone ou les Chasseurs lors de la bataille de Sidi-Brahim. Blessé à plusieurs reprises entre 1943 et 1945, il était chaque fois resté en ligne, tenant et exerçant sous le feu son commandement jusqu'à ce que l'engagement fût terminé et que son unité fût relevée. Il se trouvait encore dans le dernier carré lorsqu'il fut saisi par la mort. De tous les grands officiers de la 2e DB, seuls deux généraux, Boissieu et Massu, lui survécurent en effet quelques années. Tous les autres étaient morts avant lui, disparus dans l'indifférence et oubliés par leur époque, emportés par la maladie ou victimes des suites de leurs blessures, épuisés par toutes ces années passées à guerroyer, meurtris par les ruses de l'Histoire qui leur avait tendu tant de pièges et d'embuscades. Il appartenait à un type d'homme, devenu assez rare de nos jours, mais qui l'était beaucoup moins autrefois, formant une longue cohorte, aussi ancienne que l'est le monde depuis qu'il est monde, constituée de grognards, de poilus et de briscards, dont le destin est de combattre. Du moins est-ce ainsi que je l'ai vu et connu. Lorsque cet homme, qui me paraissait être indestructible, mourut une semaine avant que ne disparaisse également la maréchale Leclerc, je crois que je parvins à ne pas verser une larme : je m'étais préparé depuis longtemps à cette échéance et j'avais fort à faire à essayer de consoler mes sœurs et mes cousines. J'avais trente-quatre ans lorsqu'il mourut. Il allait en avoir quatre-vingt-huit.

Deux messes furent dites à son intention dans les jours qui suivirent sa mort. La première était censée se tenir dans la plus stricte intimité familiale. Bien que ma famille eût pris la décision de ne prévenir personne du jour et du lieu où devait se tenir la cérémonie religieuse, la petite église romane jouxtant le cimetière de campagne où il fut enterré, sur les plateaux du Gâtinais, était pleine. La maréchale Leclerc et le général Massu étaient dans l'assistance, au premier rang, au coude-à-coude avec les membres de ma famille qui était aussi un peu la leur. Dans le volumineux courrier parvenu alors chez mes parents, Maman reçut une lettre du général de Boissieu, qui était, comme on le sait, le gendre du général de Gaulle. Si j'en dévoile ici la teneur, c'est pour deux raisons : parce qu'elle éclaire la personnalité de mon grand-père sous un jour que je n'ai pas connu, celui du combattant qu'il fut pour ses frères d'armes, et parce que le général de Boissieu était alors, avec son beau-frère l'amiral de Gaulle, le gardien du temple gaulliste. Voici le contenu de cette lettre manuscrite, datée du 6 mai 1996.

« Madame,

Le rappel à Dieu de mon compagnon et camarade de combat de la 2e DB nous a fait une grande peine, à ma femme et moi. Nous pensons à tous les siens, en particulier à vous, Madame, ainsi qu'à votre mari, et vous exprimons notre vive sympathie.

Le général Crépin fut, avec le général de Guillebon, le plus fidèle collaborateur du général Leclerc, en permanence à ses côtés pendant la campagne de libération de la France.

Les succès du général Leclerc, durant cette campagne, sont aussi ceux du général Crépin, car il n'y a pas d'actions de guerre victorieuses sans l'appui de l'artillerie, où votre père, que j'ai observé, depuis le PC Avant, que je commandais, était un maître en la matière. Le meilleur artilleur que j'ai pu côtoyer dans ma carrière d'officier de blindés.

Puis l'Indochine fut le grand moment de la carrière du général Crépin, il y rendit des services considérables au général Leclerc. Ce n'est pas sa faute si ses conseils ne furent pas suivis par un gouvernement de la IVe République qui ne prenait pas de décisions importantes.

Le général de Gaulle, revenu au pouvoir, a utilisé aussitôt les capacités de commandement du général Crépin, aussi bien en Algérie qu'en Allemagne, dans une période très difficile, où les qualités de votre père furent reconnues par tous, sauf par quelques opposants qui ne voulaient pas évoluer.

L'action du général Crépin fut encore considérable dans l'industrie. Si la fusée Ariane fait une telle carrière, elle le doit aux expériences de Colomb-Béchar, où j'ai accompagné bien souvent votre père, dont les avis, les conseils furent les bienvenus pour tous les officiers généraux de ma génération. Il fut notre maître et notre guide scientifique.

Ma femme se joint à moi pour vous demander de bien vouloir partager avec votre mari, votre famille et tous les vôtres nos plus sincères condoléances à l'occasion du grand départ de ce chef exemplaire que fut le général Crépin.

Avec mes respectueux hommages et l'amical souvenir de mon épouse.

Alain de Boissieu. »

La seconde messe se tint quelques jours plus tard dans l'église des soldats de France, en cette cathédrale Saint-Louis des Invalides dont l'immense voûte semble ployer sous le poids des étendards, trophées, emblèmes et fanions pris à l'ennemi par nos armées, et l'on vit le ban et l'arrière-ban de ce qui restait du gaullisme historique se déplacer pour la circonstance. Le général Massu, qui avait été veuf à deux reprises comme mon grand-père, était à nouveau présent, et j'eus comme une intuition ce jour-là : ayant perdu son vieux complice artilleur de la 2e DB, il avait pris conscience qu'il serait désormais encore un peu plus seul. Le jour déclinait peu à peu sur sa vie et la nuit tombait, ses chers et vieux camarades aussi, comme tous ceux qu'il avait connus et qui ne s'étaient pas relevés, frappés au front ou touchés en plein cœur par les balles allemandes pendant les campagnes d'Afrique, de France et d'Allemagne.

Le père Maurice Cordier, vieil ami de la famille, qui était souvent venu dîner chez nous, concélébra la messe avec l'aumônier des Invalides et fit l'éloge funèbre de mon grand-père en guise d'homélie. Là encore, il m'a semblé légitime de citer le témoignage de ce prêtre, celui-là même qui avait prononcé les éloges funèbres du général Leclerc et du général de Gaulle lors de leurs messes de funérailles. Le père Cordier avait en effet connu Grand-Père en tant qu'homme de troupe, ayant servi sous ses ordres pendant toute la durée de la guerre dans l'un des régiments d'artillerie de la 2e DB, avant de décider de se consacrer à la vie religieuse à l'issue de ce conflit qui réussit le miracle d'affermir sa foi.

> « Pour moi, la vie ne compte pas pourvu que je tienne jusqu'au bout de ma course et que j'achève le ministère que j'ai reçu du Seigneur », saint Paul.
>
> Mes frères,
>
> Cette apologie de lui-même que nous avons entendue de l'apôtre Paul, en écoutant la première lecture, pourrait s'appliquer à Monsieur le général d'armée Jean Crépin, au prix de minimes retouches. Ce que Paul revendique pour lui-même, c'est de tenir jusqu'au bout dans une vie d'action ininterrompue, si ce n'est par les épreuves, les combats, les contradictions, l'usure de l'histoire vécue au plus haut niveau.
>
> Or, le service de la patrie et la fidélité au général de Gaulle qui caractérisent le général Crépin ont bien des analogies avec le ministère du Seigneur, qui est le propre

de saint Paul. Homme d'action, il l'était par tempérament, il le fut aussi par vocation, car il avait toujours, lui-même au fond de son âme, choisi de l'être. Sachant à quel niveau il pouvait situer son activité, il mit toute son énergie à y parvenir.

Pourquoi donc ce polytechnicien de la promotion 1930, qui aurait pu chercher, comme d'autres, à exploiter son intelligence, sa science et sa compétence dans des projets privés, s'est-il engagé comme sous-lieutenant dans l'artillerie coloniale, destiné à servir dans les territoires lointains de l'Afrique française ? Au-delà de son propre statut inhérent à sa qualité de polytechnicien, n'est-ce pas parce que, là-bas, de larges horizons laissaient encore aux hommes d'action un territoire favorable aux initiatives, aux entreprises audacieuses, aux exploits des bâtisseurs d'empire ?

Pouvait-il deviner que la difficile mission d'entretenir la puissance de feu des batteries côtières de l'Afrique équatoriale alors française lui donnerait de rencontrer cet homme exceptionnel qui s'appelait Leclerc, et que cet homme allait le prendre avec lui pour la plus périlleuse, la plus étonnante et la plus glorieuse des épopées ?

L'intelligence du général Crépin, tel que nous l'avons connu, avait été forgée et modelée par la rude discipline de ses études mathématiques. Elle était faite de rigueur : c'est de la précision que naît la vérité. Elle était faite de logique, une logique qui se frottait sans cesse à la nudité de l'événement et du combat. Il s'était créé des modèles impitoyables et son mental ne s'en est jamais départi. Il fallait le voir planifier l'exécution d'un ordre de bataille, supputer les moyens à mettre en œuvre pour la victoire. Dans la pauvreté des moyens qui fut le pain quotidien des batailles du désert, comme dans la puissance des équipements qui marqua le débarquement et les combats de la Libération, c'est cette honnêteté avec le réel qui fut sa principale qualité. Récemment encore, lors d'un célèbre colloque, nous avons été à même d'admirer sa lucidité, sa rigueur scientifique, la rectitude de ses calculs et son art du possible. C'est ainsi que son intelligence a toujours fonctionné, de la manière impitoyable qui faisait parfois grincer ceux qui servaient sous ses ordres. Le succès néanmoins lui a donné raison. Car l'artillerie de la 2e DB, dont il était le chef, n'a pas peu contribué aux étapes glorieuses d'une épopée qui ne s'est arrêtée qu'à la victoire finale.

Sa carrière de soldat n'était pas pour autant terminée. Parti avec Leclerc pour la campagne d'Indochine, il eut là-bas l'opportunité d'exercer un autre talent de son intelligence. Le général Crépin, qui faisait volontiers tonner les 54 pièces de son artillerie divisionnaire, y révéla son habileté de négociateur. Certains avaient déjà, à leurs dépens, expérimenté cette habileté, qui croyaient l'avoir persuadé et avoir obtenu ce qu'ils souhaitaient. Mais le général Crépin savait toujours faire jouer le paramètre caché, qui inversait les facteurs et retournait la situation. En Extrême-Orient, ce talent fit plusieurs fois merveille, dans les négociations avec le Viêt-minh et peut-être même avec les Chinois.

Au retour, les responsabilités les plus élevées l'attendaient. Devenu commandant en chef des Forces françaises en Algérie, au moment des plus grandes épreuves, il comptait bien mettre en œuvre les solutions qu'il avait méditées et qu'il pensait bénéfiques pour une armée qui voguait en plein doute. Car cet homme d'action, doublé d'un homme de raison, avait choisi la fidélité au général de Gaulle ; cette fidélité était dans la logique qu'il avait adoptée dès le début de la France libre.

Mais on le destinait à d'autres tâches, qu'il découvrit lorsqu'il fut nommé commandant en chef des Forces alliées Centre-Europe. Un sommet. Un sommet qu'il lui fallut quitter pour des entreprises civiles, dans le domaine de l'armement, mais aussi de l'aviation. Il n'est pas difficile de constater aujourd'hui de quelle fécondité il avait doté la graine qu'il avait semée. L'homme d'action avait été, en toutes circonstances, jusqu'au bout de sa course, jusqu'au bout du service.

Lorsqu'on essaie de parler de lui, on ne peut le situer que sur les sommets où il s'était hissé, encore ne trouve-t-on, dans les domaines qui lui étaient propres, que de très rares équivalents.

Aujourd'hui, il repose dans la paix de Dieu. Mais nous ne pouvons pas nous empêcher de soulever à son sujet l'éternelle question. Cette action, si multiple, si abondante, si courageuse, quelle était donc sa source et partant, quelle était sa signification ? Quelle était l'âme du général Crépin ? Sa puissante stature, ses originalités devenues légendaires pour ses hommes, sa vitalité physique aussi proverbiale que sa vitalité intellectuelle, nous les avons appréciées, estimées, admirées, même quand l'obéissance était difficile. Mais l'esprit, la vie profonde, la pudeur, la discrétion, la conscience qu'il avait de lui-même, et peut-être, malgré tout, une certaine timidité ont fait qu'il s'est rarement livré et qu'il fallait de la persévérance pour lui faire exprimer quelque chose du fond de sa pensée. C'est pourquoi de lui nous dirons que son œuvre témoigne de sa personnalité et que ceux qui l'ont côtoyé n'ont d'autre ressource que de faire remonter de leur mémoire quelque trait qui soit de nature à révéler son identité profonde. Il a emporté néanmoins avec lui son mystère. Un mystère que soudain Dieu a éclairé de la lumière aveuglante de sa vérité. J'imagine volontiers le général Crépin, se disant alors à lui-même en présence du Seigneur : « Voilà enfin ce qu'il fallait démontrer… »

Père Maurice Cordier. »

En relisant ce texte, dont l'éloquence s'inscrit dans ce genre oratoire très particulier qu'est celui de l'oraison funèbre, il m'apparaît que le mot sommet est prononcé à trois reprises, tandis que le terme vitalité et l'adjectif impitoyable le sont deux fois. Ce qui me semble, tout compte fait, correspondre assez bien à la description de mon grand-père tel qu'il m'a été donné de le connaître.

Le Troisième Empire

Les invités se pressaient par centaines ce soir-là dans le château de la petite Malmaison et le champagne coulait à flots. Les puissances invitantes, en l'occurrence une réunion de familles descendant d'un ancien président de la République, avaient vu les choses en grand et recevaient avec faste. Fait curieux : il était malaisé d'identifier des personnes de connaissance parce que la plupart des hommes portaient un uniforme aux couleurs vives et flamboyantes, avec un couvre-chef chamarré ou un bicorne à plumes qui leur couvrait une partie du visage, tandis que les autres étaient emperruqués et avaient le visage aussi poudré que le vicomte de Valmont et la marquise de Merteuil dans *Les Liaisons dangereuses*. Nombre de femmes arboraient une tiare, dont les pierres taillées reflétaient dans leurs facettes les lueurs des flambeaux et des candélabres lorsqu'elles s'approchaient d'un lustre ou d'une cheminée. Elles étaient presque toutes vêtues de robes longues et claires qui leur tassaient les seins, comme le voulait la mode à l'antique de ces années-là. Cette soirée avait pour thème le

Premier Empire et le carton d'invitation précisait que le port du costume d'époque était impératif. Dehors, sous la lumière dansante de grandes torches qui avaient été disposées çà et là dans le parc, une batterie de grenadiers faisaient rouler leurs baguettes sur des tambours chaque fois que se présentait un nouvel invité.

Je déambulais dans l'enfilade de salons qui se succédaient, reconnaissant de temps à autre des amis malgré leur accoutrement. Comme souvent, suivant en cela un processus qui m'est coutumier, la violente émotion esthétique déclencha en moi la réflexion. Tous ces uniformes, concentrés en si grande quantité, me rappelaient des scènes de mon enfance à Fontainebleau, lorsque ma grand-mère donnait des réceptions dans la grande villa qui avait été allouée au commandant en chef, et que l'on y croisait plus d'officiers issus de l'état-major de mon grand-père que de civils. Il y avait certes des différences flagrantes, la première tenant à la qualité des invités, civils déguisés en militaires dans un cas, réels soldats en uniforme dans l'autre ; la seconde avait trait aux tenues, aux couleurs soutenues et contrastées ce soir-là, plus ternes et monotones lors de mon enfance ; une troisième encore provenait de la teneur des conversations. Mais l'impression générale était bien la même. Et j'eus soudain une certitude : le gaullisme était le Troisième Empire.

Il y avait déjà bien longtemps que je tournais, avec nonchalance parce que rien ne pressait, autour de l'idée que le gaullisme et le Premier Empire se ressemblaient par bien des aspects. Il n'y a rien de bien neuf dans cette constatation. De nombreux historiens, juristes et politologues se sont employés avant moi à recenser les nombreuses analogies existant entre les deux régimes. Il n'est pas inutile d'en rappeler quelques-unes à grands traits : le mode de gouvernement, pour commencer, avec dans ces deux périodes un monarque qui préside aux destinées du pays, désigné dans un cas, élu dans l'autre. La personnalité de ces monarques ensuite : deux hommes, généraux tous les deux, conscients que l'Histoire est tragique et qui vont très vite se révéler aussi bons stratèges que fins tacticiens. Deux grands politiques, donc, qui sauvèrent cette chère et vieille France.

Car il existait aussi des éléments de comparaison qui tenaient à la situation politique et à l'environnement diplomatique de ces deux époques, le principal étant que la France se trouvait en danger mortel dans les deux cas de figure, qu'elle fût menacée par les monarchies européennes ou par le régime hitlérien. Deux périodes de crise aiguë, en somme, et deux personnages providentiels. Une différence notable me paraissait venir du degré d'adhésion à leur personne obtenu auprès du peuple français par Napoléon et de Gaulle. Le premier, enfant chéri de la Révolution, fut suivi avec ferveur jusqu'au désastre final par tout un peuple, qui garda de lui une immense nostalgie, tandis que le second, qui n'eut jamais que quelques milliers d'hommes fidèles à ses côtés, fut critiqué toute sa vie durant comme s'il eût été un usurpateur ou un dictateur en puissance.

Pour autant, de toutes les similitudes et correspondances qui existaient entre les deux époques, la plus manifeste et la plus profonde me semblait résulter des individus, contemporains de Bonaparte ou de De Gaulle, qui avaient aussitôt reconnu en ces généraux deux hommes capables de remplir la fonction immémoriale du chef et d'endosser sa panoplie avec les attributs qui l'accompagnent. Le gaullisme a ceci de commun avec le Premier Empire que les innombrables seconds rôles sont – presque – aussi intéressants que les deux rôles-titres. C'est ce que j'appelle le principe du *Mémorial* de Las Cases : l'index qui contient les notices biographiques des personnages cités par l'Empereur est tout aussi passionnant à lire que la vie de Napoléon elle-même. C'est grâce à Ney, Davout et Soult, Murat, Berthier ou Talleyrand, mais aussi à Muiron et Jomini, Desaix, Lasalle et Hautpoul, qui jouèrent tous un rôle, plus ou moins important, certes, mais un rôle décisif, que je suis allé vers Bonaparte et que j'ai appris à l'aimer. C'est en me plongeant durant des heures sur les illustrations des livres de mon enfance, qui représentaient le sacrifice des sapeurs du général Eblé se jetant dans les eaux glacées de la Bérézina pour sauver leurs camarades, ou les grenadiers de la Vieille Garde en train de livrer leur baroud d'honneur à Waterloo, convaincus qu'ils étaient tous qu'on ne meurt qu'une fois et qu'il vaut mieux le faire en beauté, que j'ai compris d'où venait la force du Premier Empire. C'est grâce à Louis Dio et Jacques Massu, grâce à Alain de Boissieu, Pierre Messmer et Jean Simon, que je fus amené à rencontrer dès mon enfance, c'est en écoutant mon grand-père me parler du général Leclerc, en essayant de reconstituer les destins brisés de Dimitri Amilakvari ou d'André Zirnheld, de Tom Morel ou de Diego Brosset, que je suis venu au gaullisme des origines et que j'ai appris à l'aimer pour ce qu'il porte en lui de précieux et d'inaltérable, et qui est l'amour – irréfléchi, inconditionnel, déraisonnable – de la France.

De temps à autre, j'attrapais une coupe de champagne, puis, tout en me laissant porter par le mouvement de la foule, avec l'étrange sentiment de naviguer entre roulis et ressac, je poursuivais ma réflexion, et elle me paraissait aussi aisée et déliée que lorsqu'il m'arrivait de nager à plusieurs brasses du rivage, dans la mer libre où la perception des limites n'existe plus. En réalité, ces hommes qui, obéissant à l'irrésistible puissance du verbe, à l'impérieuse autorité d'un regard ou à la simple logique d'une situation, avaient tout quitté afin de suivre l'Histoire qui passait à côté d'eux en la personne de Napoléon Bonaparte ou de Charles de Gaulle, c'étaient les mêmes. On les appela par la suite les grognards de l'Empereur ou les clochards de Leclerc mais c'étaient les mêmes hommes, oui, les mêmes, constitués du même bois, trempés dans le même bain d'acier, prédisposés aux conjonctures de paroxysme parce qu'ils avaient le sang froid et les nerfs solides, reproduisant donc, face à une situation donnée, les mêmes comportements devenus depuis des archétypes. On pouvait jouer au jeu des ressemblances pendant des heures : Leclerc était mort comme Desaix au faîte de la gloire, de Lattre aimait les fastes autant que le prince Murat, Massu confirmait qu'il descendait bien du maréchal

Ney, Koenig se confondait avec Kellermann, Messmer prenait la place de Berthier, Amilakvari tombait comme Lasalle en chargeant contre l'ennemi, et ainsi de suite. Bref, c'était le même spectacle qui se jouait dans ces deux séquences dramatiques de notre histoire. Seuls changeaient les patronymes des personnages et les uniformes des protagonistes.

On pouvait aussi observer, de manière plus posée, à la façon scientifique qui est celle des historiens d'aujourd'hui, combien les élites traditionnelles furent à chaque fois prises de court par l'irruption sur les chemins qui mènent au pouvoir de ces hommes issus des profondeurs du pays. Par la simple logique des circonstances, l'arithmétique des événements, la géométrie des situations, ces hommes, que rien ne destinait à cela – ils se satisfaisaient d'ailleurs très bien de l'anonymat quand ils ne le recherchaient pas –, bousculèrent et débordèrent les professionnels de la politique et les salariés du pouvoir. Ils y parvinrent parce qu'ils ne songeaient, au début tout au moins, qu'à remplir leur devoir et effectuer leur service. Ils apportèrent et donnèrent à l'Empire et au gaullisme leur force. Or ces hommes étaient des soldats. Oui, tout découlait de là. C'était une évidence. C'est l'armée qui, par l'incroyable diversité de son recrutement, en se substituant aux élites traditionnelles, avait régénéré la société française dans les deux cas, lui insufflant un sang neuf, lui transmettant la vigueur, l'énergie et l'audace, ainsi que ce code de l'honneur, fait de naïveté et d'obéissance, qui lui est propre. J'avais là l'élément qui me manquait pour retenir et assembler ensemble tous les autres. C'était la petite touche finale qui complétait et achevait le tableau.

Oui, c'était désormais une certitude : le gaullisme était bien le Troisième Empire.

Fort Crépin

Ce n'est ni une rue ni une avenue parisienne, encore moins un boulevard, et pas même une ruelle dans un quartier périphérique de la capitale. C'est un fortin ensablé, abandonné, un peu comme une ville fantôme, où rôdent les animaux sauvages à la tombée de la nuit, aux portes du désert du Tchad ou de Mauritanie, à moins qu'il ne se trouve le long de la RC4, quelque part entre Saïgon et Cao Bang, au pied des falaises de Coc Xa par exemple, ou encore dans la plaine des Joncs, parce qu'il aurait bien fini par être assassiné, en Afrique, au Tonkin ou en Cochinchine, par des rebelles – ou par ses propres partisans, comme le fut Roger Vandenberghe, cet adjudant-chef sorti du rang, mort à vingt-cinq ans, parfaite illustration de l'intelligence et de l'héroïsme des combattants d'élite français, en qui de Lattre voyait « le meilleur soldat d'Indochine », il l'avait d'ailleurs si souvent dit et répété.

Le nom d'un fortin, d'un poste militaire perdu le long d'une frontière oubliée, dans la jungle ou dans le désert, voilà ce qui était promis, en ces années-là, comme l'a très bien montré Louis Gardel dans *Fort Saganne*, à un commandant ou un lieutenant-colonel de l'artillerie coloniale qui mourait aux confins de notre empire dans l'anonymat et l'indifférence générale. Un de ces fortins qui tombent aujourd'hui en ruines, et qui se dissipent au fil des jours dans les mémoires, jusqu'à disparaître complètement, sauf dans le souvenir des militaires parce que l'armée n'oublie jamais rien.

Fort Crépin. J'imagine si bien ces deux mots claquant dans l'air pur du matin, lorsque la caresse du soleil est encore tendre sur la peau et que la vie paraît si douce, ces deux mots gravés au-dessus du porche en pierre, bois et torchis, sous lequel s'engouffrent au pas de course les hommes lorsqu'ils reviennent de leurs exercices à l'aube, ce porche construit par une unité du Génie avec une rigueur qui exclut tout ornement autre qu'utilitaire, mais dont les lettres s'effacent peu à peu, arasées par la pluie et les vents de sable. Fort Crépin. Voilà ce qui resterait sans doute de lui s'il n'avait croisé la route de Philippe de Hauteclocque un jour d'août 1940. Quoique. Tous les témoignages de ceux qui ont vécu ces journées de tragédie et de renaissance s'accordent pour dire que Grand-Père bouillonnait d'impatience à l'idée de poursuivre le combat. N'avait-il pas envisagé, avant les Trois Glorieuses, de déserter et de s'engager sous un nom d'emprunt dans la Légion étrangère ? D'une manière ou d'une autre, il aurait trouvé le moyen de lutter contre le régime hitlérien, quitte à entrer, comme son frère, dans la Résistance. L'heure de réflexion qu'il demanda à Tutenges était sans doute une manière de faire valoir le prix de son ralliement. Elle fut aussi le choix fondateur de son existence, ce moment crucial où, dans une vie, l'irruption du hasard prend le visage de la destinée. Une heure de réflexion, et pas une minute de plus, pour faire son sac et tout quitter, sans rien emporter avec soi, sinon quelques souvenirs que l'on garde contre son cœur, bien au chaud, entre la peau et la toile du treillis trempé par la sueur, sans jamais pouvoir revenir en arrière ni même se retourner sur les douceurs émollientes de son existence passée. Il en fallait, du cran, en ces années-là, pour rester fidèle à l'idée qu'on se faisait de l'honneur et de son devoir. C'est ainsi et je n'y peux rien : un frisson continue de me parcourir l'échine lorsque je pense à ce matin du 28 août 1940, et au serment que fit mon grand-père à Manoka.

J'ai cinquante-cinq ans au moment où j'écris ces lignes et, sans chercher à me dévaluer ou m'abaisser, ni feindre une quelconque fausse modestie, il faut bien reconnaître que je n'ai rien fait qui sorte vraiment de l'ordinaire. Au même âge, Grand-Père était le commandant en chef des armées alliées du centre de l'Europe, en une époque où la France formait encore l'armature des forces de l'Otan et lui apportait le gros de ses contingents. Par cette simple comparaison, je mesure combien son existence s'écarta des normes traditionnelles, et combien fut inédite la trajectoire qu'il suivit – une métaphore qui aurait sans doute plu à l'artilleur qu'il était. Avant de prendre sa retraite de soldat, il était donc parvenu au sommet de la hiérarchie militaire de notre vieille Europe, lui qui voyait en l'escalade une philosophie de l'existence autant qu'une discipline de vie. Il n'est pas inutile d'apporter une précision supplémentaire : si la guerre d'Algérie n'avait pas été qualifiée juridiquement d'opération de police mais reconnue pour ce qu'elle était, à savoir une guerre pleine et entière, il aurait été fait maréchal de France pour avoir commandé en chef devant l'ennemi sur un théâtre d'opérations – mais la République française voulait tourner définitivement la page des conflits coloniaux et ne souhaitait pas grossir le contingent des maréchaux issus de la Seconde Guerre mondiale.

Trois ans plus tard, le général de Gaulle allait lui confier la tâche de redresser l'industrie de l'armement français – ce qu'il fit avec éclat, contribuant, avec la conception de l'Exocet et de tant d'autres engins de guerre sortis de son esprit, à l'équilibre des finances et de la balance commerciale de la France pour de longues années – ce qui paraît être aujourd'hui à la fois un paradis perdu et un objectif inaccessible. Dix ans plus tôt, sous le gouvernement de René Pleven, son vieil ami qui lui en avait confié la mission dans le plus grand secret, il avait initié, avec Pierre Guillaumat, les travaux préparatoires à la construction d'une arme atomique qui allait permettre à la France d'assurer définitivement sa sécurité en se dotant du feu nucléaire. De quelle empreinte profonde, mais discrète, ce qui était bien dans sa manière, il aura marqué son époque et son pays, assumant, dans la volupté du secret défense et l'ivresse de la modestie qu'éprouvent les grands serviteurs de l'Etat, des décisions stratégiques sur lesquelles nous nous appuyons encore aujourd'hui !

Certes, Grand-Père n'était ni Leclerc ni de Lattre, et encore moins Alexandre ou Bonaparte, et il n'est pas entré dans les livres d'histoire en formant un titre de chapitre à lui tout seul. Il n'est que l'un des maillons, mais un maillon important, d'une chaîne faite d'une addition de courages et de dons de soi qui a permis la libération de notre pays en 1944. Je ne prétends en aucune façon qu'il soit un héros méconnu. Héros, il le fut, tout simplement, et c'est indubitable, à sa façon, qui était faite d'autant de modestie naturelle que, sans doute, d'orgueil caché. Et, surtout, je l'ai connu dans sa vérité, comme cela ne pouvait être donné qu'à un membre de sa garde rapprochée ou, mieux encore, de sa famille. Enfin, il était mon grand-père, un grand-père que j'ai admiré autant que je l'ai aimé. Cette simple raison justifie à elle seule l'existence de ce livre, et que je me sois attelé pendant plusieurs mois à retracer son histoire, parce que je crois sincèrement qu'il n'est pas inutile de prendre la peine de méditer quelques instants sur les motifs de son engagement et les ressorts de son action.

Il m'a enseigné, sans faire de phrases, simplement par son exemple, que certains êtres ne peuvent vivre sans un idéal qui les dépasse. Certaines époques et certains lieux permettent, mieux que d'autres, d'assouvir cette aspiration de l'esprit à s'élever. La sienne fut assurément l'une des plus difficiles et tragiques du siècle dernier. Mais, alors que l'on vit nombre d'intelligences réputées, de grands noms synonymes de courage et de talent s'égarer dans la poursuite de mirages d'ordre politique ou idéologique, Grand-Père parvint à ne jamais dévier de la voie étroite et difficile pour laquelle il avait opté le 28 août 1940. Il fut servi par une volonté de fer et une qualité rare entre toutes : le sens de la mesure. Dans notre époque qui porte aux nues les braillards et s'extasie devant l'immodestie, cette vertu peut vite passer pour un handicap irréfragable, une sorte de tare intime, quelque chose comme une hémiplégie du caractère ou une tisane du comportement, alors qu'elle est la clé de toute maîtrise, celle de soi comme celle des autres. Et c'est pourquoi, en vérité, le sens de la mesure s'avère si souvent un objectif presque inaccessible aux tempéraments sanguins – mais comment reprocher à quelqu'un d'aimer trop la vie ?

J'ai surtout appris de lui que la vie est un combat, et qu'il n'y a d'autre noblesse que celle qui se révèle sur les champs de bataille. Le reste n'est que littérature ou bons sentiments. Qu'on me comprenne bien : la création d'une œuvre d'art, la poursuite d'un itinéraire politique, la construction d'une pensée philosophique, la recherche de la sainteté sont des destins tout aussi admirables, mais ne sont pas du même ordre, ne relèvent pas de la même essence, ne procèdent pas non plus du même esprit, toutes notions et caractéristiques immatérielles qui nous ramènent à la définition de l'honneur et aux origines de la chevalerie. Nous sommes là face à l'un des plus vieux mystères qui soient. D'où vient cette force intérieure qui, chez certains êtres, se transforme en courage, parfois en bravoure, et les conduit, quel qu'en soit le prix à payer, à protéger leurs semblables et à prendre en main leur destin pour les mener à bon port? À ma connaissance, personne n'est encore parvenu à apporter la réponse à cette question qui a pourtant structuré l'humanité de tout temps et sur tous les continents.

Mon fils a dix ans. J'ignore évidemment ce qu'il fera de sa vie. Peut-être entendra-t-il résonner un jour en lui cet appel qu'avait perçu très distinctement, malgré l'époque troublée dans laquelle il vivait, mon grand-père, et qui le conduisit à opter pour la carrière militaire plutôt que pour un destin civil? Peut-être ne l'entendra-t-il pas. Michel Déon écrit, dans *Les Poneys sauvages,* à propos d'un de ses personnages devenu légionnaire puis mercenaire alors qu'il était le fils d'un titi parisien et d'une concierge de Ménilmontant, et que rien ne le prédisposait donc à cela, qu'il était marqué au front de l'étoile noire des guerriers, sorte de sceau invisible aux yeux de quiconque n'en est pas lui-même frappé. J'ai toujours été convaincu par la justesse de cette réflexion, qui est le produit d'un sens parfait de l'observation, et corrobore en tous points ce que j'ai pu constater dans cet univers militaire que je connais si bien, jusqu'à pouvoir, lorsque j'étais soldat, démonter et remonter les yeux bandés un Famas ou une kalachnikov. Bien que j'aie suivi une autre voie, et je ne regrette en rien cette décision, je persiste à penser, alors que je suis déjà passé sur le versant descendant de la vie, ce que Michel Déon, encore lui, appelle « la montée du soir », qu'il n'y a pas de métier plus noble que celui des armes. Un de mes neveux, un arrière-petit-fils de mon grand-père, donc, a entendu cet appel puisqu'il est actuellement élève-officier à Saint-Cyr. Il porte un vieux nom de l'histoire de France et le sang des Crépin coule dans ses veines. Peut-être deviendra-t-il un jour lui aussi un grand soldat ? Je ne le sais. Je l'espère, bien sûr, et j'en forme le souhait, pour lui, et pour nous, parce que j'ai l'intime conviction que notre époque et notre pays ont besoin, comme ce fut le cas en 1940, d'hommes comme ceux que je me suis efforcé de décrire dans cette succession de chapitres, des hommes d'un calibre différent des autres, pour maintenir et transmettre une certaine forme d'intelligence et de raisonnement, un savoir, un dévouement, un courage, surtout, qui dessinent aussi, comme j'ai essayé de le montrer dans ces pages, une conception esthétique de la vie.

Après tout, peut-être n'y a-t-il rien d'étonnant à cela ? Il existe des grandes lignées de médecins, d'avocats ou de scientifiques, comme il y a des dynasties d'industriels et des familles d'instituteurs, d'artistes-peintres ou de marins-pêcheurs. N'étais-je pas, au Liban, dans le même groupe de combat qu'un petit-neveu de Jacques de Guillebon, l'un de ces officiers d'élite qui fut de toute l'épopée de la 2e DB, à la fois frère d'armes et éternel rival de mon grand-père auprès du général Leclerc, et, d'ailleurs, picard, polytechnicien et artilleur comme lui ? Oui, le monde est rond, comme disait Van Gogh. Et, même si je dois mourir demain, je crois vraiment que tout est bien.

TABLE

Cet ouvrage a été imprimé en France
par CPI BRODARD & TAUPIN
pour le compte des Éditions Grasset
en novembre 2017

Composition Maury-Imprimeur

PAPIER À BASE DE FIBRES CERTIFIÉES

Grasset s'engage pour l'environnement en réduisant l'empreinte carbone de ses livres.
Celle de cet exemplaire est de :
550 g Éq. CO_2
Rendez-vous sur
www.grasset-durable.fr

N° d'édition : 20188 – N° d'impression : 3026203
Première édition, dépôt légal : août 2017
Nouveau tirage, dépôt légal : novembre 2017
Imprimé en France